彭红玲

著

教师礼仪
穿衣打扮这件事

中国人民大学出版社
·北京·

目录 Contents

序　服饰是一封介绍信 …1

上篇　色彩会说话

一、根据肤色选择色彩 …9

1. 无彩色服饰的选择与搭配技巧 …10
如何打破黑色的沉闷 …11
不同肤色该如何选择白色 …13
怎样避免灰色给人灰头土脸的感觉 …15

2. 有彩色服饰的选择与搭配技巧 …17
不同色相、纯度、明度的色彩如何选择 …19
肤色较深，穿衣就不好看了吗 …22

3. 色彩改造计划 …24
怎么处理不合适又很喜欢的衣服 …25
拯救被打入"冷宫"的绿色连衣裙 …27
黄色衬得肤色又黑又黄，怎么办 …32
为粉色找个家 …34
给咖色找到最好的配角 …36

二、根据身材选择色彩和款式 …38

1. 身材补救小妙招 …39
上半身过宽、过壮怎么办 …40
怎样才能显腰身 …42
如何隐藏肚子上的"小苹果" …43
臀部过大怎么穿 …44
注意收敛曲线 …45

2. 将基本款穿出风采 …46
土黄色长款衬衣怎样搭不显土气 …48
黑色毛衫怎样搭不显平淡 …50
简单的T恤如何搭出雅致 …52
如何将灰色连衣裙穿出美感 …54
男款黑色大衣如何穿不显笨重 …56
女款驼色大衣怎样穿不显暗淡 …58

3. 省钱省力小技巧 …61
图案的选择与搭配 …62
面料肌理的选择与搭配 …65
选好领型就能修饰脸形 …66
什么裙型既得体又修身 …68
什么裤型能修饰腿形和腰线 …70

下篇　穿出风格　穿出分寸

一、塑造校园日常穿衣风格 …78

1. 哪些风格好穿又好搭 …78
便于开展教学活动的运动休闲风 …79
省时省力的极简风 …81
拉近与学生距离的田园风 …83
风格多变的英伦风 …86

2. 教师不可不知的穿搭规范 …89
服装款式得体 …90
鞋袜舒适 …92
配饰少而精 …94
仪容得体 …95
妆容淡雅 …96

二、正式场合别穿错了衣服 …98

1. 这些小知识让您多一分从容 …99
根据年龄选择服饰的色彩与款式 …100
男老师不穿无领的衣服 …103
着装要避免花哨 …104
着装要避免艳丽 …105
面料硬朗一些更有质感 …106
款式简洁一些更显干练 …107

2. 男老师的胶囊衣橱 …108
男老师的衣橱里可以储备这些衣服 …109
西装的选择与试穿要点 …112
这三类鞋子更适合正式场合 …114
适合正装的配饰有哪些 …115

3. 打破女装的严肃感 …120
让女装从古板走向优雅 …121
中式旗袍韵味足 …123
经典小黑裙 …126
让服装更显精致的小物件 …128

序

服饰是一封介绍信

每天清晨，当您走入校园，穿过长长的走廊，站上讲台；当您漫步于林荫路上，与学生长谈；当您迎着同行的目光，迈上主席台……在种种场景中，您勾勒了怎样的个人形象？是简约大气、精致优雅，还是不修边幅、苍白无力？

或许您无暇顾及这一切，从踏进校园的那一刻起，就上紧发条，高速运转。上不完的课、操不完的心、批不完的作业已让人焦头烂额，更何况还有写不完的报告、填不完的表格……面对性格各异的学生和大大小小的事情，心情常常好似过山车一般，忽上忽下，五味杂陈。

日复一日间，许多老师将心中的诗与远方抛诸脑后，整日与课程、成绩较劲儿，将学生的学习和成长置于生活的中心，渐渐无心打理个人形象，成了灰头土脸的"黄脸婆""油腻男"。然而，工作压力越大，就越应善待自己，调整自己，修饰自己，因为美能让人充满自信、心情愉

悦，能让生活多姿多彩。

记得在一次"班主任人文素养提升"培训课上，我负责分享"教师形象塑造"的内容。当我说到需要一位"模特"从旁协助，为大家现场示范服饰搭配要点时，一位衣着朴素的短发女老师被身边的同事推上台来。同事一边推还一边说："礼仪老师，您今天可得好好给她捯饬捯饬。她是我校的骨干教师，还是校长助理，工作特别细致周到，却有些疏于管理自己的形象。我们都希望她能稍微改变改变，做到内外兼修！"于是我就以她为例，边讲解边动手为她做服饰色彩等的加减法。这时碰巧校长临时有事来找她，结果在屋里扫视一圈儿愣是没找到人。这位女老师不好意思地笑了笑，示意自己就在这儿，惹得大家笑声一片。校长这才惊讶地发现了焕然一新的她：

"这还是我原来的助理吗？衣服换一换，头发梳一梳，20分钟就变了个人啦？一堂形象礼仪课真的有这么大的作用吗？"

答案是肯定的，这就是穿衣打扮的魅力所在。

可能在很多人看来，穿衣打扮是件小事，是日常生活中再小不过的细节。然而，正是这微不足道的细节，往往透露出一个人的生活态度、审美倾向甚至内在品格。可以说，服饰就像一封介绍信，在用它无声的语言告诉外界，你是怎样的一个人。如此说来，穿衣打扮又是件关乎个人形象的大事，对"为人师表"的教师来说尤其如此。事实上，它正是教师礼仪的一项重要内容。

在礼仪课堂上，针对如何写好这封信、提升自己的气质和职业形象，老师们常问我这样的问题："礼仪老师，我到底应该穿什么风格的衣服？""我适合什么色彩，要怎么搭配？""我平时忙得连怎么穿衣都没时间考虑，有没有什么简单实用的方法，能让我穿得既符合教师身份，又好看、方便、得体呢？"提出这些问题的，有新入职场的"小白"老师，也有在教师岗位上游刃有余的"骨干"老师，更有工作了半辈子的"专家"老师。

当被越来越多地问到这个问题时，我开始思考：为什么"穿什么，怎么穿"这个看似简单的问题，却困扰着这么多优秀教师？带着这个疑问，我与不同地区、不同年龄的老师们进行了深入交流，其中三位老师的话让我印象深刻。

年轻的小玉老师，今年刚27岁，从小成绩优秀，是别人眼中的好孩子。她说："我从小就以书为伴，基本不参加什么娱乐活动，更别说学习穿衣打扮了。等到我毕业后走上教师岗位，却发现自己根本不会打扮。打扮得本分一点儿被学生嘲笑土气，打扮得新潮一点儿又被校长点名批评，总是拿捏不好尺度。"

明军老师是两个孩子的爸爸，四十不惑的年纪，从事初中数学教学工作已十余年，是区级骨干教师。当我跟他聊起穿衣打扮这个话题时，他自嘲地笑着说："我这中年油腻大叔，不讲什么形象，我爱人能扔件干净的衣服给我穿就不错了。她是小学班主任，两个孩子的妈。她每天都忙着备课、上课、管理学生，忙得脚不沾地，只差站着睡觉了，实在是无暇顾及什么形象。但要是真有什么简单又经济实惠的办法可以缩短穿衣打扮的时间，我倒是愿意学学。毕竟人到中年，一方面要给学生树立榜样，一方面又常常要走出校门参加学术会议等活动，还是体面点儿好。"

美凤老师是一所学校的副校长，"60后"，圆圆的脸上架着一副黑框眼镜，总是笑眯眯的。她说："我们上学那个年代的审美就是自然、朴素，谁要是烫个头、抹个油，都要被人笑话；可是现在不烫头、不抹油，就要被人说成不修边幅。改革开放这40多年，改变的不仅仅是人们的生活，更是人们的观念。现在我做管理工作，在规范教师着装方面，总怕自己过于古板，压抑了年轻人的活力，也怕管得太松，年轻老师打扮得太新潮、太时髦，扰乱学校的风气。我总觉得，不管时代怎么变，教师为人师表、教书育人的本质不能变。教书总得有个教书的样子。"

上面三位老师的话道出了不同年龄段的教师的不同需求，也揭示了老中青三代教师的共同需求——对穿衣打扮这件事,他们需要学习简单、有效的方法。

其实,这真不是什么太难的事,只要遵循以下三个原则即可。

一是穿出和谐感,即人与衣饰、环境之间的和谐。穿出和谐感不仅会体现一个人的内在审美,也是一个人情商的外在表现。例如,有老师在参加学术会议时还穿着稚嫩可爱的连衣裙,这显然就不得体。

二是穿出美感。美感是指人们对美的感受,不同性别、不同地域、不同经历的老师,对美的感受无疑是有差异的,这也是为什么同一件衣服有的老师觉得好看,有的老师觉得丑的原因。如何穿得既让自己觉得美,又让别人感到舒服,是一门学问。

三是穿出风格。这里的风格,既非追求潮流,也非标新立异,而是审视自我,根据自己的性格、喜好、职业等因素,营造属于自己的穿衣特色。

听上去是不是有些复杂呢?别急,一切都有规律可循。

为解开老师们的困惑,本书将根据教师教书育人的职业特性和书香校园的工作环境,分享适合各类教师的服饰色彩搭配技巧、款式选择技巧以及不同场合的着装技巧等内容,力争让不同脸形、不同肤色、不同身材、不同年纪、不同个性、不同气质的老师,都能根据这些简单实用的技巧,塑造出一个风格独特的自己,一个自己都喜欢的自己。

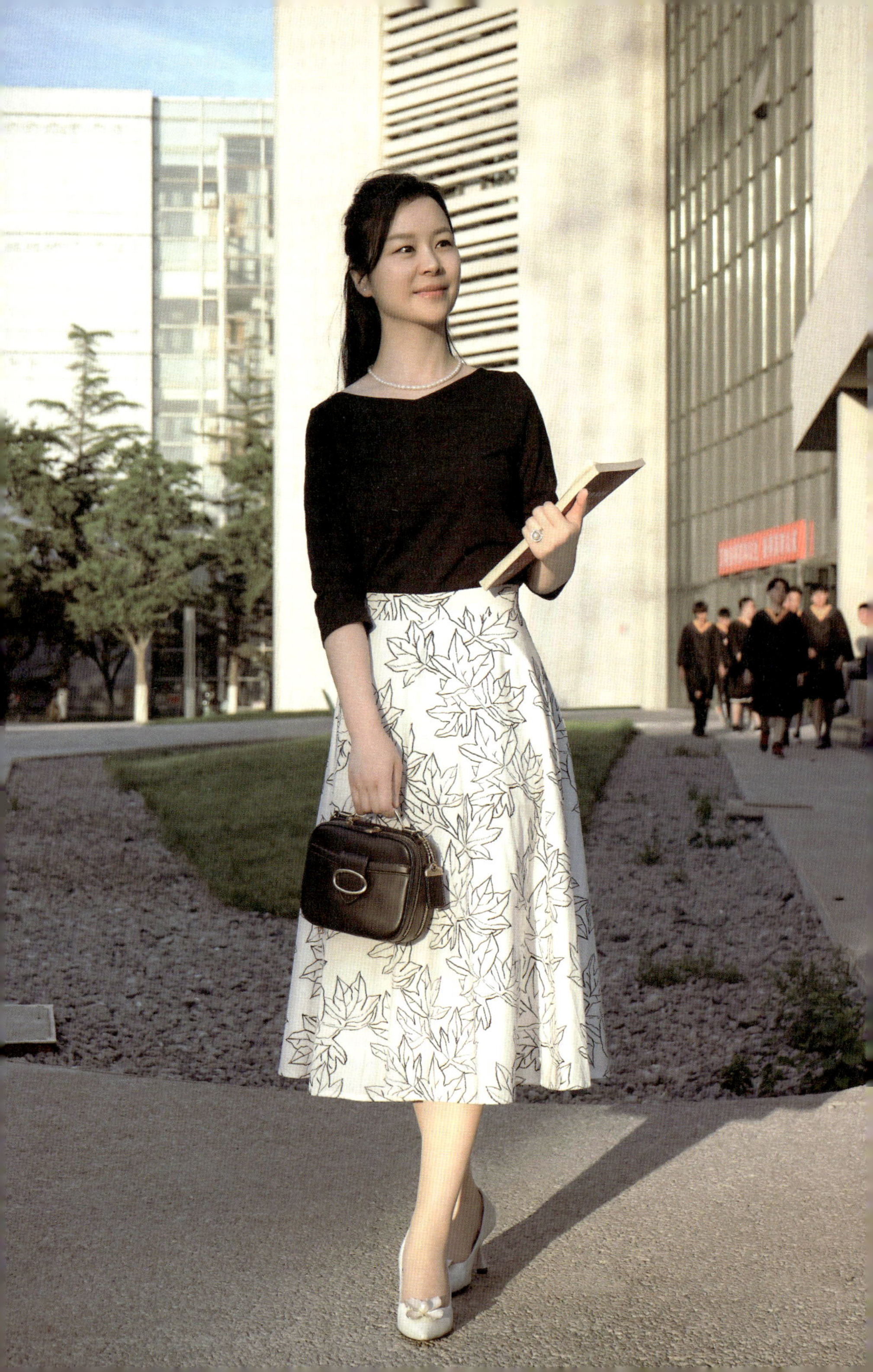

上篇

色彩会说话

身上色彩不堆砌
色彩搭配不突兀
人与色彩不违和

形象的塑造，色彩是关键。当您穿一套新衣走入校园时，大家首先看到的是什么？是它的色彩。其次才是它的款式和质地。不同的色彩有不同的相貌，说不同的语言。比如，红色说话热情洋溢，甚至有些喧闹；蓝色少言寡语，给人质朴宁静之感；而粉红色则爱说甜言蜜语，有时甚至甜得腻人……

不同的色彩，自然要不同的人来驾驭。就拿红色来说，如果您气质温雅，那么正红色就显得过于活跃，衣服的气场就会压过人本身，俗称"衣服穿人"；如果您身材有些丰满，那么艳丽的红色就会让您显胖一圈儿；如果您肤色有些发黄，那么粉嫩的红色就会让肤色看起来更暗淡，整个人显得无精打采。

看来选对适合自己的色彩也是门学问，要从自身的肤色、身材、年龄、气质等方面综合考虑。

读懂色彩的语言，就是读懂自己。

一、根据肤色选择色彩

色彩通常可以分为两类。

第一类是无彩色，指黑色、白色，以及由黑白两色混合而成的深浅不一的灰色。黑、白、灰三色简洁、经典、时尚，是生活中最常见的服饰色彩，如黑色的裤装、皮鞋，白色的衬衣、T恤，灰色的西装、风衣等，都是衣橱里常见的好穿又好搭的单品。

第二类是有彩色，以红、橙、黄、绿、蓝、紫为基本色。基本色不同量的混合或基本色与无彩色不同量的混合，可以形成千变万化的颜色。有彩色的选择难度比较大，比如，黄色就可以分为柠檬黄、淡黄、土黄、橘黄、金黄等数种。尽管同一色系中的有些颜色差别不大，却能给人完全不同的感觉。

无论哪一类色彩，我们在选择时都要以自己的面部肤色为主要依据，以身体肤色为次要依据，因为身体的大部分会被衣服遮盖，而面部则会一直裸露在外。可以说，面部肤色决定了服饰色彩给人的总体感觉。

有的人皮肤偏白，有的人偏黄，有的人偏黑。每种肤色各有特质，我们该如何据此选择和搭配服饰呢？

1 无彩色服饰的选择与搭配技巧

选择黑白灰三色服饰，最简单的方法就是照镜子。老师们可能会问："照镜子谁不会呀？"这里说的照镜子，可不那么简单，我们要通过照镜子来做对比。

比如，您想选购一件上衣，在两种颜色的选择上犯了难，那么您可以将两件上衣交替放在上半身前，仔细观察面部肤色的细微变化。选对色彩时，您会发现，您的肤色在这件衣服的衬托下显得特别健康，衣服的色彩与皮肤的色彩自然和谐地融为一体，整个人看起来精神百倍。反之，不合适的色彩则会让您与衣服格格不入，看起来气色欠佳，肤色显得暗沉、不均匀，脸上的痘印也更加凸显，甚至出现泛油光的感觉。

所以无论是在实体店还是在网上购买服装，拿到衣服后，都不妨用这个方法试一试。仔细观察脸色的变化，就知道这件衣服是否值得收入衣橱了。如果您还有些犹豫不决，或是不知如何搭配，不妨和我一起探讨下面几种黑白灰单品的选择和搭配技巧，看看能否找到您想要的答案。

如何打破黑色的沉闷

在黑白灰三色中，黑色最不挑肤色，任何肤色的人都可以选择黑色来搭配。黑色还有修身显瘦的优点，但易显厚重、沉闷，搭配不当就会给人过于严肃、古板的感觉，所以应尽量避免这一点。

全黑装扮显稳重

穿一身黑色最简单不过了。一条黑色连衣裙、一件黑色旗袍、一件黑色衬衣、一条黑色长裤，都是日常生活中常见的单品。这么穿虽然无错，但会显得沉重，增加年龄感。可以像上图这样选择光泽些的面料，来降低沉重感；也可以选择时尚些的款式，以达到减龄的效果。

用饰品的色彩增添生机

在不做过多改变的前提下，要想打破黑色的沉闷和严肃，不妨借助饰品来活跃气氛。如佩戴有金属质感的项链，穿有金属扣的黑裙，穿纯度低些的鞋子。这样搭配比全黑装扮多了一些生机。

选择点缀了其他色彩的黑色单品

如果既不想费心搭配,又想摆脱黑色的沉闷,则可以选择点缀了其他色彩的黑色单品,以适当减少黑色的比例。如上图这条黑色连衣裙的下摆以白色为底色,以黑色花纹为点缀,既显活泼,又为这条休闲裙增添了一丝轻柔。此类单品无须再做过多搭配,单穿就很美。

全身不超过两种色彩

男老师无须费心寻找配饰,直接选择黑白相间的单品即可。比如一件黑白相间的法式条纹T恤搭配一条黑色长裤,既好看又实用,还做到了上下呼应。当然,也可以用黑色单品去搭配任何有彩色单品,全身不超过两种色彩就不易出错。

不同肤色该如何选择白色

白色干净、清爽，给人气质出尘之感。但白色的纯净感和扩张感却对肤色和身材提出了较高的要求，选择与搭配不当易暴露自身的不足。

米白适合各种肤色

米白比较柔和，适合各种肤色和气质的人。这一抹柔和可以淡化服装的突兀感，使人与衣完美融为一体。因此米白色衬衣、连衣裙、T恤、毛衣都值得拥有。

亮白比较挑肤色

亮白比米白更显纯粹，白得有些耀眼。因为太过明亮，所以比较挑肤色。这一抹清亮更适合肤色较白、脸上没有痘印且痣较少的人。

小心显胖和显黄

白色可以单穿，也可以与灰色或黑色搭配。不同明度的白色也可以互相搭配，但不能用米白搭配亮白，否则会显得米白色发黄、发旧。同时要注意，全身白色容易显胖，可以选择硬朗、挺括一些的面料，或适当点缀有彩色配饰。

白色并非万能色

白色很适合与有彩色搭配，在白色中加入一抹有彩色最能吸引人的目光。但要注意，白色并不能衬托所有有彩色的美。比如，亮白与正红搭配会显得红色过于艳丽，而米白与浅粉搭配会显得粉色发旧……因此搭配时要多试一试效果。

Ⓝ 怎样避免灰色给人灰头土脸的感觉

灰色常被称为高级灰，它是穿梭在黑白之间的中性色，彰显着一种中庸的姿态，有着不张扬的特质，给人一种暗雅、空灵、内敛之感。

灰色适合各种肤色

灰色也不挑肤色，各种肤色的人都可以尝试。相对来说，浅灰更适合皮肤偏白者，而中灰、深灰则更适合皮肤偏黄和偏黑者。在此要提醒一句，气质柔和的女老师在穿灰色衣服时，一定要稍稍整理一下仪容，比如化个淡妆，涂点儿口红，这样能避免灰色给人带来气血不足的感觉。

保护好灰色的柔和感

灰色本身给人柔和的感觉，所以不要搭配过于繁杂的款式或是纯度过高的色彩，这会掩盖灰色的柔和特质。上图中的男老师用中灰色T恤搭配蓝灰色牛仔裤，显得很柔和，给人很有亲和力的感觉。同样，男老师在穿灰色时也要用心剃须修面，打理好头发，否则也一样给人灰头土脸的感觉。

15

防止灰色暗淡无光

虽说选择灰色不易犯错,但无质感的灰色面料很容易让服饰看起来暗淡无光,显得人没有精神,甚至给人邋遢的错觉。如不小心选购了这样的衣服,怎么办?试试用白色单品来点亮,也可用不艳丽的有彩色来弥补这种面料的缺陷。上图中我用这件柔和的粉色上衣来搭配,是不是一扫阴霾?

用灰色衬托有彩色的美

灰色是一种很好搭配的色彩,它可以彰显有彩色的美,而不会抢它们的风头。上图中这件开衫虽然大面积都是灰色,却不显低沉,原因在于它自带的黄白条纹在灰色的衬托下更显鲜亮、跳脱。

2 有彩色服饰的选择与搭配技巧

用照镜子的方法来做比较,同样适用于有彩色的选择。但与黑白灰三色的简单、纯粹不同,有彩色因为色相、纯度、明度的不同,可以呈现出有艳有素、有动有静、有明有暗的千变万化,选择起来有一定的难度。若穿对了,能很好地衬托气质;若穿错了,就有可能掩盖光芒,即便是花重金买来的名牌服饰,也穿不出理想的效果来,所以不得不慎重选择。

色彩小辞典

色相
色彩所呈现出来的质的面貌,是产生色与色之间关系的主要因素。

纯度
色彩中所包含的某色的饱和程度,它表示色彩中所含有色成分的比例。

明度
色彩的深浅程度。各种有色物体由于反射光量的不同而产生不同的明暗强弱。

要想更精准地选择服饰色彩,除了用照镜子的方法外,还可以请形象设计师用色彩诊断工具"色布"来做测试。上图中展示的就是我在培训现场给老师做色彩测试使用的色布。常见的色布有24色、32色、46色,包括无彩色、有彩色中最常见的一些颜色。

在礼仪课堂上,我常用色布给老师们做测试,测试结果通常是几家欢喜几家愁。但不论结果如何,这种测试可以让大家对自己有一个全新的认识。虽然我无法面对面给每一位读者做色彩测试,但我仍然可以根据经验,通过图片说明来解答老师们心中的疑惑。

不同色相、纯度、明度的色彩如何选择

色相、纯度、明度是有彩色的三个基本特征。通俗地说，色相即指不同的颜色，是色彩的首要特征，如红、橙、黄、绿、蓝、紫这六大基本色；纯度即鲜艳程度，纯度越高越显鲜艳、醒目，纯度越低越显朴素、雅致；明度即明亮程度，明度高会给人明亮、轻快的感觉，明度低则会给人暗沉、低调的感觉。

有彩色因色相、纯度、明度的不同而呈现出万千姿态。面对众多色彩，我们要如何快速选择呢？比如我想买一件红色的衣服，可红色却有大红、粉红、紫红、橘红、桃红、玫瑰红、砖红、酒红、朱红等很多种，我如何才能选出较适合自己的红色呢？此时我会根据直观感受，将色彩分为轻柔色、艳丽色、厚重色、浑浊色这四种类型，并根据自己肤色的深浅做相应选择。

轻柔色

艳丽色

轻柔色的选择技巧

我将清亮、柔和、淡雅的色彩视为轻柔色，就以上图中的粉色为例。它可以说是红色系中最具少女气息的色彩，在黑色的映衬下显得格外粉嫩。这种色彩最适合皮肤偏白者，而皮肤偏黄、偏黑或年龄偏大者压不住，会给人装嫩的感觉，因此要谨慎选择。

艳丽色的选择技巧

我将所有纯度较高、明亮夺目的色彩视为艳丽色，如上图中这件开衫的朱红色。朱红色比正红色要稍暗一点儿，但在黑白两色的映衬下还是显得很鲜亮。朱红色对肤色偏白者最友好，对肤色偏黑、偏黄者则不那么友好，因为色彩过于明亮容易让肤色显得更黄、更黑。同时，艳丽色会因过于喧闹而产生扩张感，易显胖，也会因过于张扬而不宜出现在安静的室内或人员密集的正式场合。

厚重色

浑浊色

厚重色的选择技巧

我将所有暗沉的色彩视为厚重色。厚重的有彩色服饰适合于多种场合，易于搭配，也更显瘦。上图中这件大衣的酒红色有别于正红色的艳丽、粉红色的轻柔，显得比较沉稳。它不挑肤色，偏白、偏黄、偏黑肤色都适合。它也不太挑场合，正式场合、日常生活、节日庆典都可以穿，黑白灰三色中的任何一种都可以与之搭配。但要注意的是，色彩厚重且款式过于正式的服饰有可能会增加年龄感。

浑浊色的选择技巧

我将所有纯度不高，显得浑浊、模糊的色彩视为浑浊色。这类色彩不轻、不重、不艳，显得低调、雅致、斯文。虽然不争不抢，也能很好地衬托人的自然之美，对肤色、身材要求都不高。其内敛的特质，也让服饰显得安静、不张扬，能够自然地融入各种场合。上图中的暗红格纹西装加半身裙的两件套，就透着精致、复古的味道。

总之，肤色偏白者的色彩选择范围更广，或深或浅、或艳或柔的色彩都可以很好地驾驭。而肤色偏黄、偏黑者可选择的范围也不小，避开过于艳丽或过于浅淡的色彩即可，如大红、橘红、粉蓝、水蓝等。

肤色较深，穿衣就不好看了吗

俗话说得好："一白遮百丑。"很多人常常叹息自己的肤色不够白皙，穿什么颜色的衣服都不好看，都显得土气。其实，这种看法有些否定了自己的美。虽然肤色白皙最好搭配，能提升一个人的整体气质，但色彩的搭配千变万化，只要遵从基本的原则，稍加用心，肤色较深也一样可以穿出美感，穿出个性。

上面我们说过，肤色偏黄、偏黑者应尽量避开过于艳丽的色彩，老师们基本都是认可的；而对避开过于浅淡的色彩这条建议，有些老师则表示抗议。每次我在教师礼仪课堂上说这句话的时候，都有老师皱着眉头问："礼仪老师，我本来皮肤就黑，再穿深色的衣服不就显得更黑了吗？"

下面我用两张图来回答有同样疑问的老师。

浅色

深色

通过图片对比我们可以看到，左图中的男老师肤色偏黑和黄，穿上淡蓝色条纹短袖衬衣，再搭配米白色休闲长裤，衣服颜色与肤色就会形成较大的反差，原本浅淡又鲜嫩的色彩将肤色衬托得更黑、更黄。而右图中，这位男老师换上了稍深一些的蓝白条纹衬衣，搭配了一条宝蓝色休闲裤。这样，衣服与皮肤的分界就不那么明显，整体看起来就比较和谐。

肤色偏黑、偏黄的老师如果喜欢蓝色系的衣服，可以把淡蓝换成宝蓝或深蓝。同样是蓝色，后者更适合您。同样的道理，任何色系的色彩您只需避开过浅、过艳的就好。

3 色彩改造计划

前面我介绍了帮助老师寻找适合自己肤色服饰的色彩搭配原理,但没有提及个人喜好的问题。这不,课堂上又有老师提出了新问题。一位年轻的女老师曾问:"礼仪老师,我特别喜欢粉色,可是我知道粉色并不适合我,怎么办?难道我就不能穿粉色的衣服了吗?"有不少老师附和:"我最喜欢浅蓝色了,难道我要扔掉以前的衣服吗?我以后就不能选购这种颜色的衣服了吗?"

其实,老师们不用难为自己,有自己的喜好是件好事,我们可以通过调整服饰色彩的位置、改变服饰搭配的方式以及化妆等方法继续拥抱自己偏爱的色彩。

❷ 怎么处理不合适又很喜欢的衣服

改造前　　　改造A　　　改造B

左上图是前面我们提到的那位肤色偏黑、偏黄的男老师的服饰搭配。虽说这种穿法从配色上说挑不出什么毛病,但他也感觉到这套浅色服饰与自己有点儿格格不入。然而,夏天炎热,淡蓝色显得清爽、干净,他也非常喜欢这件衬衣,舍不得扔掉,所以请我用他衣橱里的现有衣服做个搭配。

我先选一条深灰色西装裤来搭配，采用了上浅下深的方式（如上页"改造 A"所示）。这种搭配方式能让人显高，也能让整体色彩变得稳重。为什么我没有选择黑色裤子呢？一是夏天比较炎热，黑色会显得沉闷；二是深灰色非常符合这位老师的气质；三是深灰色比黑色柔和，衣裤的色彩分界不至于太明显。

我还将这件衬衣作为内搭，为它加了一件带点儿咖色的薄外套，然后选择了一条卡其色休闲裤、一双咖色皮鞋，收到上下呼应的效果（如上页"改造 B"所示）。这套衣服整体色彩偏柔和，带点儿泛黄的基调，而这件衬衣露出的一抹浅蓝正好起到了过渡和提亮的作用。

上面这两种方法的适配性很高。如果您有颜色不太适合自己又特别中意的闲置衣服，不妨搭配灰色试试看，因为灰色比较柔和，包容性也很好，与众多色彩都能很好地兼容。或者将这件衣服的色彩变成某套衣服中的过渡色吧！

✍ 拯救被打入"冷宫"的绿色连衣裙

作为形象礼仪师的我,一样有选错色彩的时候。一年夏末秋初,恰逢网店换季打折,我买了一条橄榄绿正装连衣裙。但实物的颜色接近正绿色,与网上的照片相差甚远。我相信如果自己穿着它站在街边,准会化身为改良版"邮桶"。更糟的是,折扣衣服不享受退货服务。所以,这件衣服还没"上岗"就被迫"退休",直接被我打入衣橱最底层的"冷宫"。直到有一天我买了一双绿色高跟鞋才想起这条裙子来。一番改造后,它终于派上了用场。

改造前

这条高纯度的绿色正装七分袖连衣裙虽然色彩艳丽,但款式修身,搭配一双绿色细高跟鞋,能凸显出女人的娇艳。缺点是太过明亮。

改造 A

我试着用白色西装覆盖一半绿色，同时佩戴一条珍珠项链，以进一步突出白色的存在感。虽然这样搭配削弱了绿色的明亮，但整体色彩还是比较艳丽，穿出门去还是有些扎眼。

改造 B

为了进一步缩小绿色的面积，我选择用一件白色西装款风衣包裹住整件连衣裙，同时用绿色丝巾与鞋子和领口处的一抹绿色互动。这样，整体色彩就不那么艳丽了。

改造 C

我还选择外搭同一色系的墨绿色长款风衣。沉稳的墨绿很好地调和了明艳的正绿，让这条连衣裙看上去温和了许多。然后我又用双层珍珠项链和珍珠白的胸针做点缀，整套衣服便显得稳重、大气起来。

改造 D

我试着用黑色正装长风衣来搭配，目的是用黑色的暗淡降低绿色的纯度，且起到显瘦的作用。配饰我仍然选择短款的珍珠项链，同时在领口处别一对耳夹。耳夹原本适用于没有穿耳洞的人，这里替代了胸针的用途。这样搭配下来，黑色和绿色得以相互呼应，各自的缺点也得到了弥补。

一件买废了的连衣裙，我通过缩小绿色面积、搭配同色系风衣和黑色、白色风衣的办法进行改造，虽不够完美，但好歹把这条裙子救出了"冷宫"。

　　这种改造方法适用于许多场景。如果买了不合适的裙子，无论它是过艳、过柔，还是不那么合身，您都可以在外面加一件长款风衣或开衫，再搭配与裙子色彩相近的丝巾、胸针、发箍或包袋，让色彩内外呼应起来。这种呼应法会让整体色彩变得灵动，是拯救衣服的灵丹妙药！

　　当然，并非所有绿色服饰搭配起来都像这件正绿色单品这般费劲儿。绿色清新活泼，生机勃勃，就像校园中的学生一样，散发着青春的活力。绿色有很多种，如正绿、清水绿、祖母绿、青绿、黄绿、军绿等，只要选择得当，就可以穿出不一样的风采。

　　下面我选择两种绿色单品为您做搭配推荐。

绿色最适合与黄色搭配

选择一条清水绿阔腿裤,搭配浅黄色圆领上衣,鞋、包则选择更为明亮的黄色,整体给人清爽、生动之感。如果不喜欢这么明亮的颜色,那么试试将绿色与白色、紫色、黑色等放在一起,一样可以搭配出令人惊艳的效果来。

选择合适的绿做主色

若不想费心搭配,只穿一种绿色也是可以的,如薄荷绿、军绿就很适合作为主色来穿。也可以像上图这样选一件稳重的墨绿色连衣裙,再随意搭配白色或黑色的鞋、包就可以了。这样穿稳重又不失优雅,搭配起来也很简单,能省去很多时间。

Ⓝ 黄色衬得肤色又黑又黄，怎么办

黄色是一种暖暖的色彩。温暖的阳光、秋天的瓜果、层林尽染的树叶，都少不了黄色的身影，这是大自然赋予的最美色彩。黄色虽美，但我们亚洲人的肤色自然有些偏黄，穿起来容易显得肤色发黄或发黑。化妆自然是一个好办法，除此之外，还有什么穿搭方法可以避免这种情况呢？下面我举几个例子来说明。

选择带黄色元素的单品

纯黄色明度较高，穿在身上有些刺眼，因此不妨选择带黄色元素或淡黄色的衣服。上图中，我用黄色扎染复古短袖衬衣搭配深蓝色裙子，再用色泽明亮的皮鞋和皮带点缀。这种明暗对比很好看，也不会显得皮肤发黄、发黑。

用黄色单品来提亮

一身暗色服饰，选择一件黄色单品作为内搭，可以起到提亮的作用。上图中的深蓝色长裤和黑色马甲都比较暗淡，因此我选择用黄色格纹衬衣提亮，同时又在里面配一件与鞋子的色彩相同的T恤，全身色彩多而不乱。

搭配黄色包袋或配饰

黄色温暖、明亮，能够很好地活跃全身的穿搭风格，像上图这种明黄色腋下包，最适合点亮暗沉的色彩。它可以搭配一身黑色、白色、绿色的衣服，也可以像图中那样，与同色系的内搭内外呼应。

不要让黄色紧挨面部

下半身穿黄色，可以让黄色远离面部，也就无须担心肤色会因此显得发黄、发黑了。即便是黄色上衣，我们也可以像上图那样在里面穿一件白色衬衣。这一抹白色起到了间隔的作用，让黄色后退了一小步。这样的搭配也能获得同样的效果。

33

为粉色找个家

跟老师们一样，我也有自己的色彩偏好。我从小就喜欢粉色，喜欢它的甜美、温馨，也喜欢它的活泼、俏皮，可以说是一个妥妥的粉色控。但随着年龄的增长，年轻时穿着很美的衣服逐渐变了味，我感觉自己已经压不住这一抹粉色了，稍有不慎就有装嫩的嫌疑。怎么办呢？我想出了两种办法。

降低甜美度

选择正式款

第一种办法是，用黑色降低粉色的甜美度，当然灰色一样可以收到这个效果。如上页左图所示，我为这件粉色外套搭配了黑色毛衣和百褶裙，又穿上黑色高跟鞋，使原本娇艳的粉色沉稳了不少。

第二种办法是，选购正式一些的款式，或者选择柔和些或暗淡些的粉色。这样做也可以增添此类服饰的成熟度。就拿上页右图中的这件粉色旗袍来说，它的色彩是柔和的，款式是正式的，一样适合在多种场合穿。

我用了这两种方法，让钟爱的粉色单品留在身边。其实不论是哪种有彩色单品，当您觉得自己穿起来不再合适的时候，都可以用这两种方法让它们重新焕发生机，您也来试试看吧！

给咖色找到最好的配角

我钟爱咖色。浅咖色就像一杯热腾腾的卡布奇诺,淡淡的、柔柔的,不仅喝起来口感丝滑,色泽也温润雅致;而深咖色则像是经历了时光的沉淀,温暖、浓郁而庄重。将这些深深浅浅的咖色穿在身上,就将自己浸润在那抹如时光般的温柔与优雅之中了。咖色既不张扬也不怯懦,受到许多大服装品牌和时尚博主的青睐。但要想穿好咖色却不容易,肤色偏白的老师还好说,肤色偏黄、偏黑的老师穿起来会显得沉闷。那么怎样才能恢复咖色的生机呢?

用深浅对比打破厚重感

可以采用同色配的方式,将深浅不同的咖色搭配在一起,既稳重又不失活泼。上图中我为一件深咖色上衣搭配了一条层次丰富的半身裙,鞋、包采用色泽明亮的皮质,这种明暗对比可以让整体搭配生动起来。

用黑色衬托咖色的温暖

咖色是比较温柔的色调,当咖色遇到修身显瘦的黑色时,会更显温柔。上图中我用咖色条纹半身裙搭配黑色针织T恤,不仅显瘦,还更添明艳。为了不让上半身与下半身色彩分界过于明显,再搭配一顶咖色帽子,就能起到很好的平衡作用。

用大面积的白色提亮深咖色

担心咖色过深、过暗的老师,可以用白色提亮。上图中这件深咖色文艺复古碎花中长裙,我选择外搭一件白色大衣。大衣上的咖色扣子、衣领和袖口处隐若现的咖色线条,与裙子形成了很好的呼应。

呵护咖色的那抹温柔

暖暖的咖色最能善待在时光里奔波的人,因此搭配时要用温柔的色彩来呵护,让几种色彩融为一体。上图中奶咖色毛衫搭配深咖色休闲裤,给人舒适愉悦的感觉。内搭的淡蓝色衬衣露出的领子、袖口和下摆,从全身的暖色调中跳脱出来,让人眼前一亮。

　　咖色与黑色、紫红色、蓝色、绿色搭配,可以营造出不同的美感。上述几种方法同样适用于其他色彩的搭配。如果您想打破深色服装的沉闷,就可用不同面积的白色来提亮,或用灰色来衬托,或用同一色系中深浅不一的色彩来搭配,每一种方法都会给您带来不一样的视觉体验。

　　您也可以用同样的方法来搭配浅色服装。总之,色彩的改造可以遵循这样的原则:内浅外深、外浅内深,上浅下深、下浅上深,明暗交替、首尾呼应。

二、根据身材选择色彩和款式

在上一部分，我们简要介绍了根据肤色选择服饰色彩的一些原则和技巧。从中我们可以总结出日常穿搭的一个目标，就是实现服饰的各种色彩之间、服饰与人之间的和谐统一，不给人堆砌、违和、杂乱之感。我们教师尤其需要注意这一点。

在选择服饰色彩时，除了需要考虑肤色外，还要考虑另一个重要因素——身材。每个人身材不同，对色彩的搭配和款式的选择自然有不同的要求。这就涉及日常穿搭的另一个目标：用服饰色彩、面料和款式来修饰身材，让整个人看起来更匀称，更具美感。比如，白色虽干净、纯洁，却有视觉扩张的效果，因此对身形丰满者来说，白色的鱼尾裙、包臀裙、紧身裤、小脚裤、修身开衫等就不太合适，而挺拔、宽松一些的直筒裙、T恤和H型风衣则更为合适。

要让穿出门的每套衣服都能配色合理、款式得当，同时还能兼顾个人喜好、季节特征和场合环境等因素，确实不是一件简单的事情，需要在实践中不断学习和反思。

1 身材补救小妙招

人的体形大致可分为倒三角形、长方形、苹果形、西洋梨形、沙漏形几种。除了沙漏形对服装的色彩和款式要求不高外,其他体形都需要服装来修饰,以营造整体的和谐美和健康的体态。

倒三角形　　长方形　　苹果形　　西洋梨形　　沙漏形

其实,每一种体形都有独特的美,不必过分焦虑。悦纳自己的同时,不妨尝试改变自己。首先,可以从饮食习惯上做些改变,比如餐前喝些温水或汤,多吃清淡的事物,保持八分饱;其次,利用碎片化时间运动,比如课间操时与学生一起动起来,饭后站一站、走一走;再次,平时养成良好的运动习惯,比如慢跑、力量训练、瑜伽塑形。这样做可以帮助我们塑造身材,健康生活。在达到理想体形、穿衣无忧前,不妨试试下面的身材补救小妙招,让自己意气风发起来!

2 上半身过宽、过壮怎么办

上深下浅

外深内浅

倒三角形身材的特点是肩部宽、腰部细、臀部小。就男老师来说，这种身材显得肩部宽厚，给人强壮有力的感觉，任何色彩和款式的服装都适合。而就女老师来说，这种身材就不那么好看了，显得比较壮，不好买衣服。因此，上半身应尽量选择具有收缩效果的色彩或较为暗淡的色彩，而下半身的用色可

稍明艳些，用上深下浅、外深内浅的搭配方式弱化肩部宽厚的问题，可收到一定的显瘦效果。还可采用扩大下半身比例的方法，比如穿高腰裤、高跟鞋等，平衡上下比例的不协调。款式上则要回避泡泡袖、垫肩类衣服，也要谨慎选择条纹过宽、花朵图案过于夸张、格子过大、设计繁复等容易显胖的衣服，尽量选择款式简洁的衣服。

怎样才能显腰身

收腰设计

加条腰带

　　长方形身材的特点是上下一般粗,没有腰身。这种身材可采用上深下浅或上浅下深的搭配方式,以营造层次感。也可以选择收腰的款式或加条腰带。腰带可以是白色、黑色的,也可以是与衣服色彩协调的任何色彩。若没有腰带,也可以用丝巾代替,营造出层次感就好。

Ⓝ 如何隐藏肚子上的"小苹果"

上浅下深

装饰领口

苹果形身材的特点是肩部较窄，腰部和臀部比较圆润，形似一个圆圆的苹果，多由长期久坐、饮食不当、不喜运动或产后肥胖等造成。这种身材的最大缺点就是不显腰身。没有腰身就缺少人体的曲线美和轻盈感，给人以笨重的感觉。要想弱化这"大苹果"的存在感，老师们不妨选择色彩柔和的上衣，或在领口部位用色彩装饰，而下半身则要用具有收缩效果的服饰或厚重一些的色彩来搭配。款式上要选择腰部设计宽松的衣服，衣服过紧就容易凸显笨重的腰身。

臀部过大怎么穿

上衣稍长

下身宽松

西洋梨形身材的特点是肩部窄，腰部适中，臀部大。这种身材最需要回避的是下半身用色鲜艳、繁复，应尽量采用上浅下深或扩大上半身比例的办法来弥补臀部宽大的不足。也可以全身都选择比较稳重的色彩，同时下半身注意选择宽松挺括的款式，如直筒裤、A字裙、伞裙等，尽量不选择紧身的款式。

N 注意收敛曲线

合身合体

弱化曲线

沙漏形身材的特点是全身比例协调，呈现出优美的S形曲线。这种身材的老师在搭配衣饰时不需要在色彩上做什么修饰，只需要注意在面对学生时别为了凸显身材而穿过于紧身的款式，还要避免过于鲜艳的色彩。

2 将基本款穿出风采

不同身材的老师对服饰色彩有不同的需求，搭配时颇为考验功力。为了防止出现色彩过于杂乱、不够和谐等问题，我总结出以下四种色彩搭配规律，帮助老师们节省挑衣服的时间，还不易出错。

单穿一种色彩。日常生活中最简单的穿衣方式莫过于全身只用单一色彩，不搭配其他色彩。若担心过于单调，可以用配饰做一点儿小突破，起到画龙点睛的作用。

黑白灰混搭。采用黑白、黑灰、白灰、黑白灰这四种搭配方式，是最不容易出错的配色方案。

无彩色搭配有彩色。用一种无彩色搭配一种有彩色，全身只用两种色彩，如黑与红、白与蓝、黑与粉、白与咖等。这是既好搭配又容易出效果的一种方式。

多种色彩混搭。全身用一种或多种无彩色与有彩色混搭,如黑咖白、红灰蓝、黄绿白、红蓝白等组合。原则是让各种色彩自然融为一体,既不显得过于热闹,又不显得过于素净。这种搭配方式较难,稍有不慎就满盘皆输。但若能合理安排好主色、辅助色、点缀色三者之间的关系,就能很好地营造出层次和美感来。建议采用主色占 50%、辅助色占 35%、点缀色占 15% 的比例进行搭配,做到主次分明。

下面我以几套不挑身材的基本款为例,来解释上述四种搭配方式,希望能为老师们的穿搭提供一些灵感。

② 土黄色长款衬衣怎样搭不显土气

在黄色系中,土黄色属于非常难搭的一种色彩,搭配不当就显得土气,面色也被衬得发黄。这里我挑了一件土黄色衬衣,看看能否为它找到最佳伴侣。

配色方案1:土黄 + 白 + 咖 + 棕

搭配土黄色,我首先想到的是用白色提亮,所以我选择白色打底衫和长裙。而作为呼应的鞋、包、腰带,我选择棕色和咖色,虽然这两种颜色与土黄有色差,但看上去是比较接近的。这样一来,全身近似于黄白两色相配,不会显得杂乱。

配色方案 2：土黄 + 蓝 + 白

第二套保持上半身黄白搭配不变，下半身换成蓝色牛仔裤，选一双带有黄色装饰的船鞋，再系一条淡蓝色头巾。全身的色彩有穿插，有呼应，整体显得比较活泼，为土黄带来了一丝清透。

配色方案 3：土黄 + 黑 + 金

第三套我将土黄色衬衣当作长款外套穿，打底衫、紧身裤、靴子、小方包、腰带、帽子都统一为黑色，只在腰带、小包上露出金色点缀。这身搭配的底色为黑，很显瘦，增加的腰带则把原来普普通通的衬衣变成了修身款。

黑色毛衫怎样搭不显平淡

基本款毛衫是衣橱里不可缺少的单品，无论是单穿还是打底都可以。其实，服饰的款式越简单，就越能与各种风格的单品融合在一起。春秋季节用来打底的毛衫可以稍薄一些。另外，织法简单一些的款式更显瘦。

配色方案1：黑 + 红

黑色毛衫搭配黑色微喇长裤，显得简洁干练。如果担心一身黑色过于沉重，可以搭配酒红色平底玛丽珍鞋和橘红色斜挎小包。这样既不破坏整体搭配效果，又能起到很好的点缀作用。

配色方案 2：黑 + 橘

我用这件黑色毛衫搭配一条橘黄色休闲裤和一双同色乐福鞋，同时将衣服下摆塞入裤腰，这样能显腿长。黑色上衣可以搭配各种有彩色的裤子，用下半身的宽松来衬托上半身的纤细。

配色方案 3：黑 + 白 + 黄

第三套我选择的是一条白色百褶裙，再搭配黄色鞋、包、腰带进行点缀。黑白黄三种色彩中，黄色最为艳丽，所以面积最小，这样那抹艳丽便不会显得特别突兀。

ⓝ 简单的T恤如何搭出雅致

T恤是一年四季都用得上的单品，既可以当外衣穿，也可以打底用。黑白灰三色的T恤最好搭配，黑色显瘦，白色清爽，灰色雅致。老师们不妨在衣橱里多备一些长短不一的T恤，方便又实用。

配色方案1：黑 + 灰蓝 + 黄

T恤可以搭配各类半身裙。如图中这条灰蓝色的半身裙，如繁星般散落的黄色被黑色和灰蓝色衬托得娇艳无比。我选择了一双黄色高跟鞋与裙子上的黄色呼应，使整体风格飘逸而灵动起来。

配色方案 2：黑 + 白

黑白配是既经典又永不过时的搭配方式。黑色的T恤搭配文艺的半身裙，再配一双黑白相间的帆布休闲鞋，真是舒服到走路都带风！

配色方案 3：黑 + 灰

如果不喜欢黑白这种强对比的配色方式，那么不妨选择黑灰搭配。灰色比较温柔、内敛，可以有效地弱化黑色给人的冷酷感，简单又实用。

N 如何将灰色连衣裙穿出美感

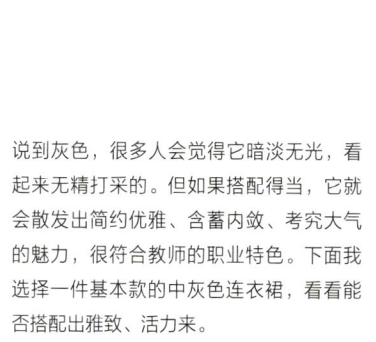

说到灰色，很多人会觉得它暗淡无光，看起来无精打采的。但如果搭配得当，它就会散发出简约优雅、含蓄内敛、考究大气的魅力，很符合教师的职业特色。下面我选择一件基本款的中灰色连衣裙，看看能否搭配出雅致、活力来。

配色方案1：灰 + 白

这里我选择用时尚的珍珠项链、白色复古小包、女人味十足的米白花朵高跟鞋，在不同的位置提亮灰色，再配以简单的低马尾和清新的妆容，以营造低调、优雅的成熟女性的风采。

配色方案 2：灰 + 白 + 黑

第二套我尝试用黑白灰三色的条纹韩版小方巾来点缀，在衣领下打个简单的平结。为什么不选择色彩明亮的丝巾呢？因为色彩如果跳跃度过大，就会失去衣服本身的雅致。我还特意将腰带系在腰后，以避免丝巾、腰带同时出现时带来的累赘感。

配色方案 3：灰 + 白 + 蓝

前两套都是偏成熟的装扮，第三套我想增加一些年轻的气息。我将裙子解开当风衣穿，内搭白色T恤和蓝色牛仔裤，再配一双白色平底鞋，扎起高马尾，是不是感觉年轻了不少？这种装扮很适合春秋的校园。

男款黑色大衣如何穿不显笨重

黑色大衣最能凸显男性的成熟稳重、高大挺拔，值得男老师们拥有，是既实用又好看的单品。

配色方案 1：黑 + 黄

男老师的衣橱里恐怕少不了各种色彩的连帽衫或运动衣，用运动款单品来搭配正装毛呢大衣，正好是动与静的结合，既活泼又不失稳重。

配色方案 2：黑 + 咖 + 蓝

浅蓝色衬衣、奶咖色毛衣、深咖色长裤、黑色乐福鞋，都算得上男士衣橱里的常见单品，可以单穿，搭配在一起也毫不违和。

配色方案 3：黑 + 蓝

全身黑中搭配一件浅蓝色衬衣，就使整套衣服显得不那么笨重了。老师们还可以替换其他纯色衬衣和各类条纹衬衣。

女款驼色大衣怎样穿不显暗淡

毛呢大衣是冬季必备单品，可以选择黑色、驼色、暗红色等耐脏、不易过时的色彩。款式越简单越不挑身材，越能持久使用。大衣一般价钱较高，穿得越久越划算。

配色方案1：驼 + 白 + 蓝 + 棕

驼色大衣搭配白色、蓝色的单品不易出错，所以我选择偏休闲风的装扮。牛仔裤和挎包都属于休闲单品，显得轻松惬意。

配色方案 2：驼 + 黑 + 蓝

第二套我在黑色与驼色中搭配了浅蓝色衬衣和雾霾蓝贝雷帽。黑色显瘦，蓝色提亮，驼色稳重，这三色放在一起非常和谐。

配色方案 3：驼 + 黑

第三套我仍用黑色打底，并在领口处佩戴了一条小方巾。黑色与驼色相间的小方巾起到了画龙点睛的作用。

在看过上面六件基本款服饰的搭配方案之后，我相信老师们对色彩搭配已有了自己的新思路。总之，无论采用何种方式搭配衣服，都要谨记不在身上堆砌过多的色彩，尽量控制全身色彩的数量，头发、眼镜、饰品、包袋、鞋子、帽子的颜色都算在内，争取让这些色彩不显得突兀，与衣服自然和谐地融合在一起。另外，要控制艳丽色的面积，不让两种以上艳丽色同时出现，不然会显得过于喧闹。用黑白灰三种色彩搭配，或将它们作为过渡色使用，就能避免这些问题。

3 省钱省力小技巧

在前面的搭配示范中，我选的都是纯色基本款，因为这类服装最好搭配，只要款式简单，质量过硬，就能长久使用。可除了纯色外，还有许多衣服花色更漂亮，比如波点、条纹、印花、格子等。波点有大有小，条纹有粗有细，印花有明有暗，格子有双色有多色……这么多花色，又该如何选择和搭配呢？

我在学习服装色彩搭配前，通常凭直觉选购，许多衣服购买后不仅没派上用场，反而成了累赘。我常常苦于面对一柜子衣服，却找不出一件合适的，不是色彩不合适，就是花色不喜欢，或是款式有些过时。就这样，我陷入了不断买衣服却永远缺衣服的循环。在不断试错的道路上，我总结出几个购衣技巧，或许能帮您省下钱包，赢来美丽。

Ⓝ 图案的选择与搭配

花色衣服通常包含两种或两种以上色彩,这种单品本身色彩就已经非常丰富了,一旦搭配不当,就容易给人零乱之感。因此我们在选购时要注意以下两点。一是图案大小的选择。可以用眼睛的大小做参考。眼睛较大的人可以选择稍大一些的图案,眼睛较小的人则尽量选择较小些的图案。二是图案色彩的选择。可以用一件单品中最明亮的色彩与肤色对比,或是用面积最大的色彩作为主色与肤色对比。肤色深者选深色,肤色浅者选浅色即可。

搭配时,可以根据单品中的一种色彩来搭配,也可以用黑白灰搭配,还可以采用撞色的方式。但要注意,无论选择哪种方式,都要防止搭配出百花争艳的感觉来。

同色配

上图这件上衣的主色为黑色,可以搭配一条黑色长裤、一双黑色皮鞋。不过上衣的白色波点也很漂亮,那么也可以搭一条白色半身裙。这种你中有我、我中有你的方法适合各类花色服饰的搭配。

百搭的黑白两色

当花色衣服的图案有两种或两种以上色彩时,最简单的方法就是用白色或黑色来搭。白色明亮而清新,可以一扫繁乱,而黑色的收缩感则可以让花色衣服不那么张扬。

坚守花配素的原则

除黑白两色外，还可以用有彩色来搭配花色衣服。

以上面左图中的黄色扎染复古短袖衬衣为例，我选择用浅蓝色牛仔裤搭配，因为衬衣中也含有蓝色。鞋子我选择带有棕黄色装饰的平底船鞋，以呼应上衣中的黄色。这身衣服的色彩虽多，却毫无杂乱之感，反而更显清新。

上面右图中的这件男士外套线条较多，因此也可以将其归类为花色衣服。我用颜色较深的休闲裤来搭配，以保持整体的和谐。

总之，不管如何搭配，只要坚守花配素的原则，就不会出错。千万不要花配花，否则就成了让人眼花缭乱的大花瓶。

面料肌理的选择与搭配

服装设计师有时会把普通的面料设计出不同的肌理，让面料呈现出别样的效果。面料的肌理有很多种，比如暗纹、镂空、压花、抽褶等，它们让原本平滑的面料呈现出立体或浮雕的效果，使面料更具表现力。

肌理感较明显的面料比平滑面料更显贵重，但有时也会显胖，比如，上面左图中的粗花呢外套和右图中的编织毛衣，就比同样尺寸的平滑面料上衣显胖。因此，微胖者，特别是肩宽或手臂圆润者，应尽量避开面料肌理感过于明显的衣服。即便选择，也要特别注意尺寸、款式和色彩。面料过粗、颜色过浅、款式过短的外衣，都会让人看上去胖一圈儿。在搭配肌理感比较明显的服饰时，要选择平滑面料或带有收缩色彩的服饰，上图中的两件上衣用显瘦的黑色来搭配就很不错。

选好领型就能修饰脸形

每个人都会因面部线条的走势、骨骼感、肉感的不同而呈现出不同的脸形，大致可分为圆脸、长方形脸、正方形脸、正三角形脸、倒三角形脸、瓜子脸、菱形脸等。这些不是绝对的概念，而是基本的视觉印象。

脸较大、较圆，领口要宽

脸较小、较长，领口要窄

不同的脸形需要搭配不同的领型，比如脸形较大、较圆、较方或脖子较粗者建议选择大圆领、方领、V领、一字领等领口稍宽的衣服，因为领口稍宽就不会局促，就显脸小。相反，高领和小圆领的领口过高、过小，就会显脸大。冬季需要穿高领或半高领的衣服保暖时，可以选择用饰品或丝巾来制造V领的感觉，以缓解局促感。而脸形较小、较长或脖子较细者则不建议选择领口宽大的衣服，而应尽量选择高领、半高领、小圆领，因为宽大的领口会衬得脸更小、更长。

脸小脖子细，领子则小

脸大脖子粗，领子则大

衬衣的领型分很多种，如标准领、圆角领、宽角领、立领、长尖领、针孔领等。无论衬衣有多少种领型，只需记得：小而尖的适合脸小脖子细者，大而宽的适合脸大脖子粗者，而大小适中的适合所有人。无论选择何种领型，试穿时都要扣好每一粒扣子，然后再往领口处伸进两根手指，如果不感到紧绷，就说明衬衣是合身的。

什么裙型既得体又修身

裙子是女老师衣橱中不可缺少的单品。它或优雅、温柔，或热情、干练，衬托出女性独有的魅力。裙子的长短、版型、面料千变万化，需要精心选择。对老师来说，裙子不能过长或过短，也不能过于凸显身材，以简洁、耐用、便于开展日常教学工作为宜。

鱼尾裙、包臀裙对身材要求最高

这两种裙子比较难穿，臀部过大、小腹有肉、腿形不直者都不适合。过于瘦弱显然也不适合，它会显得人更加弱不禁风。但腰臀比例协调、腿部细长者穿起来却非常凸显女人味。

松紧腰伞裙对身材包容性较高

这种裙子的特点是腰部伸缩性强，饭前饭后都不会让人感到紧绷。宽大的裙摆对各种腿形也非常友好，可以很好地隐藏不足。

长款 A 字裙、直筒裙便于营造各种风格

长度到小腿或稍过小腿的A字裙和直筒裙对身材的要求不高,还特别好配衣服。搭配正装衬衣和高跟鞋就可以营造稳重的职业风,搭配休闲款上衣和鞋子就可以营造休闲感,而搭配文艺风的单品就会增添含蓄和优雅……我特别推荐长款黑色或深蓝色A字裙,既不用担心身材,也不用担心走光,具有很强的实用性。

宽松的连衣裙包容性最高

除了半身裙外,我还推荐款式宽松且面料挺括或有一定质感的连衣裙,因为这类连衣裙可以穿满四季,对身材要求也不高。上图中这种开襟宽松连衣裙,长度在小腿位置,不用担心腰腹过粗、臀部过大、腿粗、腿不直等各类问题。只要加条腰带就成了修身款。春秋时解开扣子可以当外衣穿,秋冬时还可叠穿,真是一衣多穿的好单品。

❶ 什么裤型能修饰腿形和腰线

易显胖

易显瘦

裤装是教师日常生活中最常用的单品，许多幼儿园就要求教师必须穿裤装，不能穿裙装。在所有色彩的裤子中，当属白色裤子最挑身材，因为白色有扩张感，如上面左图中的白色紧身裤就不太适合身材过于丰满者。如果喜欢白色，则可以选择面料挺括的直筒裤和阔腿裤。深色裤子无论何种裤型，都比较显瘦，而且深色耐脏、实用，更可以与各种风格的单品搭配。

裤腰一般分低腰、中腰、高腰三种。低腰小脚裤容易在视觉上把人分成五五身材，中腰裤适合多种体形，高腰阔腿裤则有显高、显瘦的效果，只是对腰粗的人不太友好。

在工作场合，老师们尽量不要穿低腰裤，除非上衣很长，否则蹲下和弯腰时易露出腰臀，十分不雅。低腰裤也会让上半身显长、下半身显短，使人缺乏挺拔感。另外要注意，裤腰尺寸应比实际腰围宽松 2—3cm，这样吃饱后不至于过紧。裤腰如过紧，勒出腰部赘肉就不美观了。

直筒
不挑腿形

小微喇
更显瘦

除了裤腰外，还要考虑裤型。能修饰腿部线条的有直筒裤、微喇裤、阔腿裤，这几类裤型最能掩盖大小腿粗、腿不直、臀部过大的问题，而小脚裤则会暴露这些缺点。当然，腿瘦长且较直的人当然不用顾虑，随心所欲就好。

裤子的面料一般分有弹力和无弹力两种，有弹力的裤子可以凸显腿形，运动起来也很舒适，不会产生紧绷感，但尺寸不能过小，否则就会在大腿根部、膝盖这些位置勒出一圈圈的肉来，显胖又不雅。而无弹力的裤子更为随性、自然，只要合身，一样也能显瘦。

无裤兜设计的裤子比较好穿。如果喜欢带后裤兜的裤子，尽量不要选择八字形裤兜，没有训练过臀肌的老师更要慎重，否则会显得屁股宽大扁平。另外不能选择太靠下的后裤兜，它会显得臀部下垂，还会显腿短。也不能选择过小的后裤兜，它会让臀部显得更大。在购买裤装时一定要试穿，看看后裤兜是否位于臀肌中上方，大小是否适中，形状是否合适。只要能把臀部修饰得更完美，让腿显得更长，就说明选对了。

总之，无论选择何种裤型，只要能让自己显得挺拔，站立和蹲下时都无紧绷感，不易起皱，便于开展日常教学活动就好。

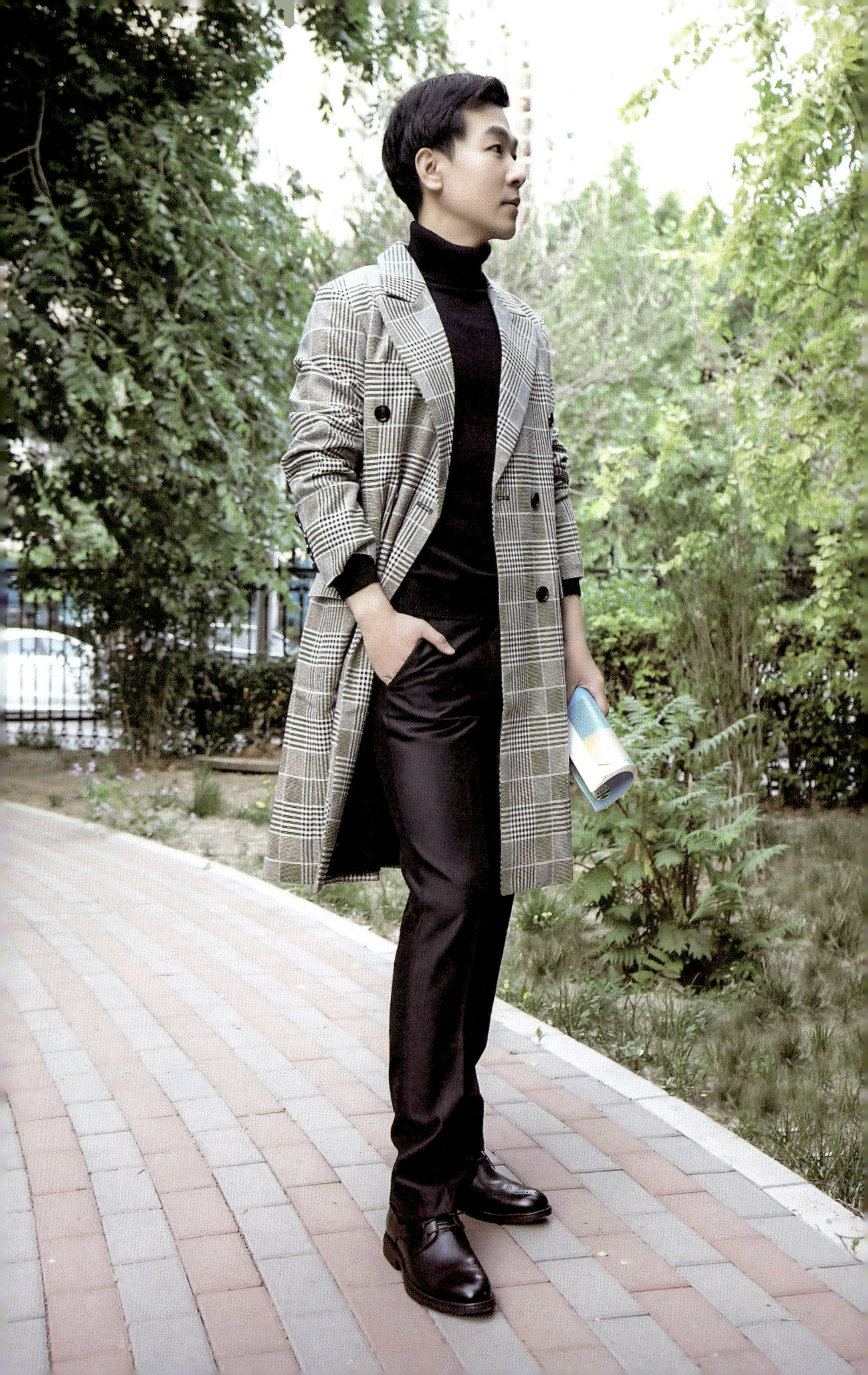

穿出风格
穿出分寸

款式设计不烦琐
风格自然不做作
人与衣饰融一体

常言说得好："衣品见人品。"穿衣风格往往能直观地反映一个人的审美取向和内在品格，是人在不断探索自己的长相、身材、性格、气质和工作需要等特点，不断尝试各种搭配的过程中逐渐培养起来的。

穿适合自己的服装，是培养穿衣风格的第一步。然而，服装的风格千变万化，如休闲风、民族风、学院风、田园风等，不同的风格又有诸多特色单品。那么哪种服装适合自己？又如何在诸多风格中挑选合适的单品呢？

简单来说，可以从"直""曲"这两个字入手。

"直""曲"是服装搭配中常用的术语。通常，面部轮廓清晰、骨骼感明显，身体线条硬朗、曲线感不明显，性格外向、举止洒脱者，建议多选择直线风格的服装，因为这类服装款式简洁，线条明显，色彩单一，面料挺括，能够与人完美融合。而面部圆润、缺少立体感，身体线条柔和、曲线感明显，性格内敛、举止温雅者，建议多选择款式柔美、线条柔和、色彩清新、面料轻盈的曲线风格的服装。当然，有一部分人的特征不那么明显，处于"直""曲"之间，那么可选择居中风格的服装。这类服装既不过于硬朗，又不过于柔美，色调柔和，款式简约，易于搭配。还

有一部分人"表里不一""外柔内刚""外冷内热",外在的形象与内在的个性存在较大反差,那么不妨从外形和性格两方面综合考虑,再选择偏"直"或偏"曲"的服装,也可多向居中风格靠拢。

无论您属于哪种风格,都建议从基本款入手。基本款包容性强,适合各种风格,还能让鞋、包、帽、配饰发挥独特的作用。

除了自身特点外,场合也是影响穿衣风格的重要因素,因此,如何根据工作环境的需要选择服饰是本部分探讨的重点。一般来说,教师的工作场合相对固定,可大致分为校园日常工作场合和参加各类会议的正式场合。下面我根据这两类场合,推荐"直""曲""居中"风格的单品。在推荐单品的同时,我还会结合上一辑的色彩搭配技巧,讲解风格混搭技巧,帮助老师穿出个性,穿出美感。

只要用心培养挑选衣服的眼光,不做品牌的盲从者,不沦为潮流的牺牲品,懂得避免昙花一现的时尚,并在色彩搭配的技巧、智慧上下功夫,学会悦纳自己的不足,坚守一贯的品位,培养出自己独特的穿衣风格自然指日可待!

一、塑造校园日常穿衣风格

穿衣风格千千万万，但不是所有风格都适合教师。老师们每日在书香校园中工作，因此穿衣要避免过于商务化，要在日常服饰中适当增添一丝亲和力与活力。在面对朝气蓬勃的学生时，也不可穿得过于前卫、暴露、不便活动，而应偏向清新、舒适、稳重、简洁的风格，以便拉近与学生的距离。还要防止款式过于烦琐、新颖，颜色过于鲜艳、明亮而分散学生的注意力。另外，老师早上的时间非常宝贵，因此简约风格的服装能省去许多费心搭配的时间。总之，无论选择何种服装，都建议以风格稳重、款式得体、便于打理为前提。

1 哪些风格好穿又好搭

对老师而言，好穿又好搭的风格是指能够满足日常工作需要、便于开展各类教学活动、搭配起来省时省力的风格。下面我试着从适合校园日常工作的基本款入手，来展示服饰的色彩搭配技巧、不同风格单品的混搭技巧，以及各类单品的适用范围。虽说并不全面，但希望抛砖引玉，唤醒老师们搭配的乐趣，激发老师们搭配的灵感。

Ⓝ 便于开展教学活动的运动休闲风

(风格特征) 这种风格融合了运动风的活泼轻快与休闲风的舒适随性，适用于日常生活中的各种场景。这种风格的服饰款式宽松，面料柔软，色彩简单，设计简约，对身材要求不高。

(推荐理由) 在运动风中融入一些时尚元素或是混搭休闲单品，既时尚，又便于开展各类教学活动。

活泼一些的装扮让人焕发青春

牛仔裤既给人年轻、有活力的感觉，穿上又舒适无比，可搭配各类运动休闲的单品。上图这件衬衣的线条感虽然明显，但色彩清新，图案可爱，无论是"直""曲"还是居中风格的人都可以尝试。穿着这类服装，心态好像也变得年轻起来，自然与朝气蓬勃的学生打成一片。

蓝色单品能舒缓压力

浅蓝色清新，深蓝色稳重，无论哪种蓝色都自带安静、理性之感。不同年纪、肤色的老师不妨用中意的蓝色运动休闲单品给口干舌燥的自己降降火，以更平和的心态面对繁忙的教学生活。上图这套服饰，于随性中带着些许正式，舒适而雅致，适合所有风格的人穿。

自带小清新味道的装扮

各种色彩的小清新T恤最适合搭配舒适的牛仔单品，比如随意穿一条牛仔裤、一双平底船鞋或小白鞋。简约、青春、明亮的气息就扑面而来，非常适合日常教学穿搭。简洁的T恤和牛仔裤比较中性，适合所有人穿搭。

舒适又耐脏的实用型装扮

将各类运动单品混搭，是最为实用和舒适的搭配方式。当选择一套深色运动服时，最好像上图这样增加一点儿白色提亮。各类运动衣、运动裤、连帽衫，男女基本都可以穿，只要衣服上的线条感不十分明显，就适合所有人穿搭。

省时省力的极简风

风格特征 这种风格用色单一，款式简洁，线条流畅，提倡用简单的手法传达设计的张力，不采用复杂工艺，不增加过多装饰品，就连纽扣也是能用一粒就绝不用两粒。它主张回归基本款，坚持"少即是多"的原则。

推荐理由 无须过多修饰就可穿搭出门，极为节省时间，非常适合起早贪黑的老师穿。

本身就很美，无须过多修饰

极简风的黑色短袖连衣裙虽无多余装饰，但简单的裁剪和看似随意的褶皱，仍能在领口、腰身、裙摆处透出柔美。这种用色单一、设计简洁大方的连衣裙适合多种场合，也适合所有人。

用饰品增添生机

若觉得款式过于简洁，不妨适当增加一些饰品，如上图中这般在领口处别上一枚珍珠胸针，再穿一双黑白双色的山茶花平底鞋。简单搭配，就能让原本稍显严肃的服装增添一丝生机。

融入一点儿低纯度的色彩

若觉得色彩过于单一，可适当增加一些色彩，使其成为全套服饰的焦点。比如上图中的小方巾与鞋子，就在这简约大气的基调中营造出一种精致的法式味道。这种搭配柔和、优雅，更适合偏曲线风格的人穿。

混搭最能衬托其他风格的美

极简风混搭其他风格，能更好地衬托其他风格服饰的特点。如上图这件极简的黑色连衣裙搭配了一件小香风外套和甜美风的船鞋，衬托得这件外套更加精致。无论哪种风格的人穿，都可以根据实际情况搭配适合自己的单品。

Ⓝ 拉近与学生距离的田园风

(风格特征) 田园风倡导回归自然的健康生活方式，追求自然舒适。多选择透气、舒适的天然纤维面料，面料上常带有清新自然的印花、格纹、波点等图案。大地色、灰褐色、砖红色等颜色的面料，因其亲近大自然的特征，也受到田园风的青睐。款式方面多采用宽松的设计和弧线的剪裁，以营造自然清新的味道。这类服饰能营造优雅、甜美、舒适、随性的自然之美。

(推荐理由) 老师每天都要忙碌于各类教学工作，很少有闲暇时间亲近自然。那么不如把大自然穿在身上，让这一抹闲适陪伴忙碌的自己。这类服饰还能增添亲和力，让学生不由自主地想亲近。

图案宜简洁大方

田园风单品多带有各种图案，选择时应注意图案的大小，可以从图案较小、较少、较简单的单品入手。如上图这件带有一枝花图案的连衣裙，随意搭配法式风格的鞋、包，就营造出一种优雅之感，更适合偏曲线风格的人穿。

花纹宜淡雅自然

选择带花纹的单品时，最好选素雅一些的。上图这件淡雅的碎花半身裙，虽白、蓝、黄、绿多色相间，却不显喧闹，非常好搭。搭配甜美衬衣、极简西装、牛仔外套、法式开衫，都能营造出清新的感觉。这类田园碎花单品更适合偏曲线风格的人穿。

田园风配饰好搭又好用

如果不喜欢带有大面积花朵图案的单品，还可以选择小面积花朵图案的配饰。丝巾、挎包、帽子等单品一样可以营造田园风的清新自然。这种素雅的小面积花朵图案的配饰适合所有风格的人佩戴。

纯色棉麻面料最舒适

宽松、透气的棉麻类单品穿在身上毫无束缚感，舒适自然。这种软软的面料更适合曲线风格的人穿。若直线或居中风格的人也喜欢这类衣服，可选择设计更具线条感或面料稍有质感一些的款式。

ⓝ 风格多变的英伦风

(风格特征) 英伦风简单说来就是源自英国的穿衣风格,这种风格的服饰以各种各样的格纹为主要特色,具有简洁修身、剪裁精良、复古优雅的特点,带有学院、绅士、贵族的气质。

(推荐理由) 英伦风单品种类繁多,如格子风衣、格子衬衣、格子短裙、格子背心、格子包袋、格子围巾等。各类格子无须过多修饰,即可营造出或稳重优雅,或文艺活泼等不同的氛围,非常适合日常穿搭。

斯文的格子

格子衬衣既可以单穿，也可以作为内搭使用。基本款服装最适合与格子搭配，如上图中这件格子衬衣配的就是一件简单的白色毛衫。露出的格子衣领和下摆，令整套衣服简约而不简单，给人一种斯文儒雅之感，适合所有人穿。

灵动的格子

格子服装的色彩一般比较丰富，适合搭配色彩单一的单品。如红黑相间的格子衬衣，适合打破黑色单品的沉闷；而上图中这种蓝绿相间的格子，则能让偏黄的单品焕发生机，也能增添白色单品的清新。直线风格的人可以多尝试。

成熟的格子

格子还可以给人成熟稳重之感，比如格子围巾、风衣就非常适合成熟女性穿搭。格子围巾适合搭配素色衣服穿，格子风衣可以单独穿。越素的格子，适合的人群越广。

甜美的格子

色彩清新淡雅的格子单品适合气质文艺的老师。纯色的衬衣、毛衣、外套等都可以搭配格子半裙，再配一双运动鞋、平底鞋或短靴，会给人安静甜美的感觉。此类格子更适合偏曲线风格的人穿。

2 教师不可不知的穿搭规范

在日常工作中，老师每天都要面对形形色色的学生。学生们除了关注老师的授课内容外，也非常热衷于观察老师的一言一行，甚至衣着打扮。他们的一双双眼睛就像摄像头一样，能从各个角度照出老师的每一个微小变化，能把老师的姿态和语气模仿得惟妙惟肖。我常常惊讶于学生的这种观察力。我换了衣服、发型自不必说，就连换了极相似的口红色号，学生都能分辨出来。

学为人师，行为世范。老师是学生在校园生活中接触最多的人，是学生心中的关键人物，因此需要从内到外地用心塑造自己的形象，在营造个性的同时注重教师的身份，留意服装款式、仪容修饰、饰品装点等细节，用内外兼修的魅力征服学生。

服装款式得体

① 领口

领口不能过低，开口不可过大，以弯腰低头时不露出内衣为宜。也可以把手横放在与锁骨平齐的位置，小手指的边缘就是领口的最低位置。

② 袖子

不穿无袖衣服上班。袖子长短要适中，过短会露出腋下，显得不得体，也不要过长、过大或造型过于夸张，一切以得体为宜。

③ 腰线

上衣不可过短，以伸手在黑板上写字时不露出腰部的肉为宜。裤腰不可过低，以蹲下时不露出腰部的肉为好。

④ 裙长

裙子的长短跟场合和年龄相关。一般场合越正式、年龄越大，裙子越长，但也不宜长过脚踝甚至拖地，在膝盖下 10cm 处为宜；年轻人的裙长可以稍短，但也不能穿超短裙，一年四季裙子下边沿以膝盖附近为宜。

⑤　⑥　⑦　⑧

⑤ 裤型

裤型以合体为宜，不要穿奇装异服，像吊裆裤、破洞裤、超大喇叭裤这类过于时尚、造型夸张、配饰过多的服饰都不适合在校园里穿。裤长要适中，不可过长，也不可过短，更不能穿短裤上班。

⑥ 面料

面料要以不透、不露、不性感为原则，特别要防止夏季服饰因轻薄而透出内衣的情形出现。女老师若穿吊带裙，外套的开衫同样要以不透、不露、不性感为原则。

⑦ 色彩

建议避开色彩过于艳丽的服装。过艳的服装容易显胖，也很刺眼，容易分散学生的注意力，在拥挤的教室中面对活泼好动的学生时穿就更不适宜。

⑧ 尺寸

尺寸以得体为原则。不要过于肥大，免得显邋遢；不要过于紧身，免得显性感；也不要过于短小，免得衣不遮体。总之，服装和身材要协调。

鞋袜舒适

款式

以简洁、实用、舒适为主,不要穿拖鞋(指无后跟的鞋子),也不要选择造型过于复杂、材质过于闪亮的鞋子。

跟高

一般来说,身高越高,鞋跟越低;身材越苗条,鞋跟越纤细;身形越丰满,鞋跟越粗大。日常生活中,鞋跟高度以 3—5cm 为宜;重要活动中,鞋跟高度以不超过 7cm 为宜。鞋跟过高、过细易站不稳,也不宜久站,长期穿容易损伤关节,增加下肢患静脉曲张的风险。

声音

新买的鞋子,一定要穿上后在家里走一走,听听走路时的声音。如果声音较响,要为鞋底贴一层膜,不然声音就会分散学生的注意力。

颜色

鞋子最好以黑色、米色、白色等较为低调的色彩为主,因为这样的鞋子最好搭配衣服。夏天,丝袜选择肤色较为合适,不可穿黑丝袜,不要让自己看上去过于性感。

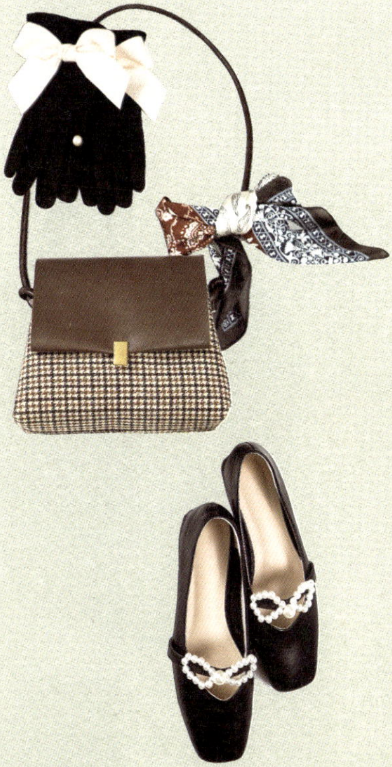

ⓝ 配饰少而精

头部

饰品越少越好，不选择过于闪亮的饰品。

耳部

每只耳朵只佩戴一个饰品，以耳钉为宜；过长、过大或过于夸张的耳饰不适合在校园中佩戴。

颈部

项链的长度和大小要适宜。女老师的项链下摆不可垂入低领衣服的胸口内，让人产生性感的联想就不合适了；男老师最好不佩戴项链，如果有贴身项链，最好藏入衣服内，以不外露为宜。

手部

手部佩戴的饰品以少而精为宜。饰品风格最好保持统一，以防杂乱。饰品样式应避免繁复，以免影响教学活动，分散学生的注意力。

脚部

脚链宜细不宜粗，不佩戴最佳。不涂趾甲，不贴饰品。

仪容得体

头发

女老师的刘海以不挡眼睛为宜，长度到眉毛处为最佳；过肩的头发不宜全部散落在肩上，盘头、扎马尾、编辫子最好；头发不宜过短，更不宜剃光头。男老师要做到前不过眉、侧不过耳、后不及衣领。头发最好以黑色为宜，若需要染色，不能出现过黄、过红等夸张的色彩。造型上也以保守、朴素、不夸张为宜。

勤

勤洗澡，勤洗头，勤剪指甲，勤换衣服，勤换鞋袜。

味

身体无异味，若用香水和化妆品，也要控制好清香程度，以香气清新不刺鼻为宜。

手部

注意手部卫生。指甲长度不超过指肚，修剪得干净平滑，不藏污纳垢，不涂染，也不贴饰品。

妆容淡雅

洁面

选择适合自身肤质的洗面奶洁面，可用温水和冷水交替洗脸，让皮肤在一热一冷、一张一缩间保持活力。

修眉

护肤前先修理眉毛和嘴角上多余的毛发，否则，口红虽涂得漂亮，可嘴角上却毛发横飞，极为不雅。

保养

按爽肤水、柔肤水、眼霜、保湿霜、隔离霜（选择带隔离和防晒功能的）、修颜霜（肤色发黄用紫色，肤色发红用绿色）、粉底液的顺序来保养皮肤，用量可从多到少，重点是保持皮肤的水分和加强防晒。

化妆

日常妆容应简单淡雅，先画眼影，再画眉毛，最后涂上润唇膏和口红就可以出门。愿意更精致一些的老师可以再描上眼线，涂上睫毛膏，打上腮红。眼影选择大地色为最佳，画眉时眉尾不能低于眉头。口红色彩不可太红，暗淡一些的砖红色适合所有人，粉红色适合肤白的人，橘红色适合肤色偏黄的人。腮红的颜色与口红的颜色最好保持一致。

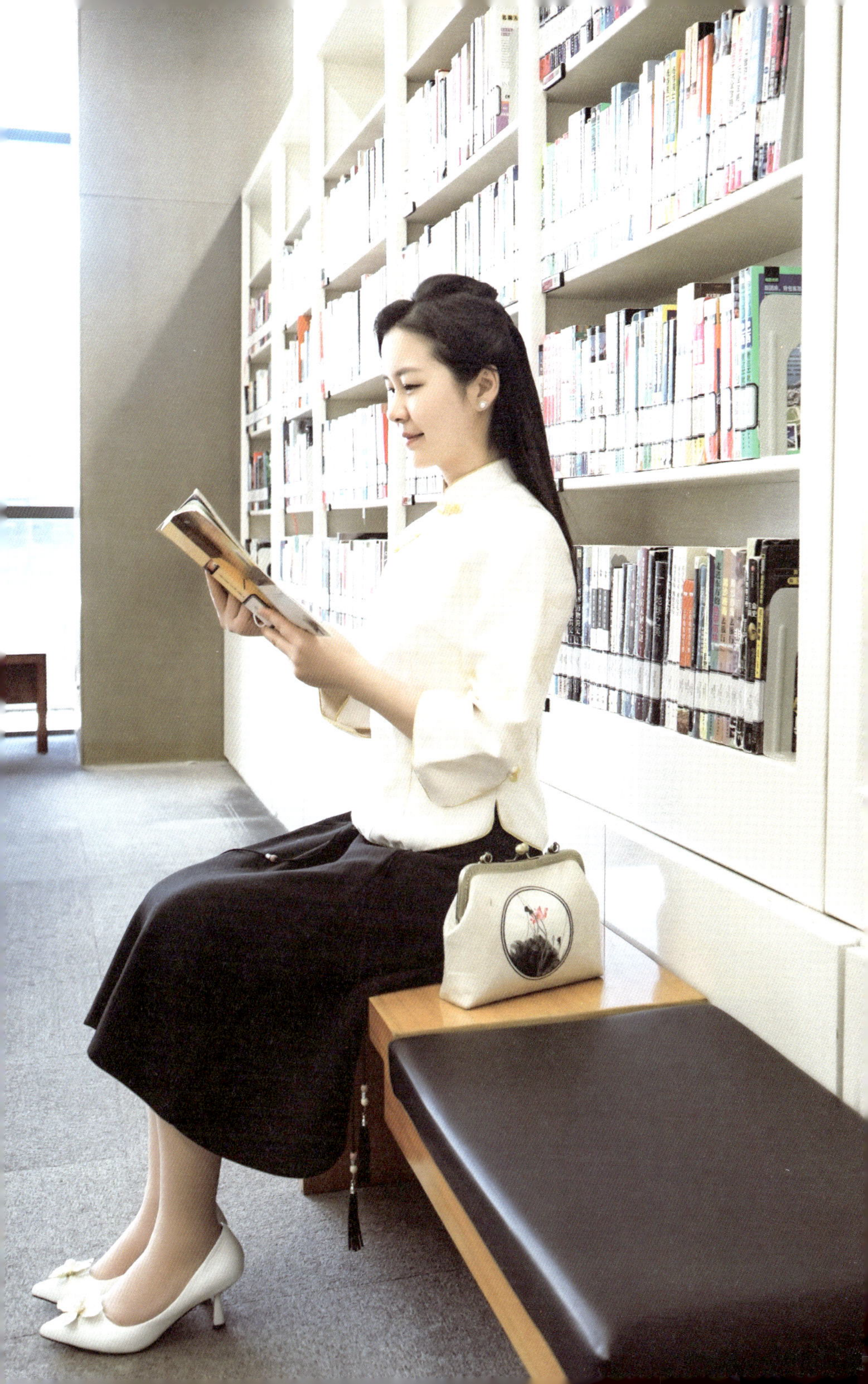

二、正式场合别穿错了衣服

除了日常教学外,老师还经常需要出席各种正式场合,比如校内的业务会议、家长见面会、区级管理会议、全国交流会议、国际学术会议等。有时老师会以学习者的角色参加,有时则以主持人、发言人的身份参与。无论是主角还是配角,在着装上都要找准自己的定位,分清不同场合的特征,做到不失礼、不失仪。

1 这些小知识让您多一分从容

怎样才能不失礼？最重要的是掌握好分寸。

有一位教学主管要送自己的年轻老师去参加教学大赛，他在帮这位老师选择服装时犯了难，专门发信息来询问："选西服套装吧，担心太严肃，怕别的参赛者以日常装扮出现；选日常服装吧，又怕上不了台面。到底该怎么办？"这位操心的教学主管还附上了六七套不同风格的衣服来让我帮着参考。相信有这类困扰的不仅仅是这位教学主管，许多老师在参加正式场合的比赛、会议时也是如此，总感觉面对满柜衣服就是找不到一件合适的：穿正装担心太古板，挑不太古板的怕太花哨，选不太花哨的又担心太素静、寒酸……

根据年龄选择服饰的色彩与款式

不同年龄的老师处于不同的职业阶段和工作岗位,选择的服饰色彩与款式要符合自身的年龄特点。老师们可以根据需要选择有减龄效果的色彩和款式,或适当增添成熟感,但要掌握好尺度,不能过犹不及。多一分小心,就能多一分从容。

年轻老师如何既显成熟又不失活力

新入职的老师正处于从学生向职业人士过渡的阶段,选择色彩和款式的目标是褪去身上的学生气,给人留下稳重踏实又富有朝气的印象。因此选择的色彩与款式不宜过于张扬,也不能显得老气横秋。用淡黄色、浅蓝色、浅紫色、卡其色、绿色等充满活力又不张扬的色彩,搭配稳重的黑色、灰色或清亮的白色,或是混搭黑白灰三色,可以既显成熟,又不失活力。可以考虑时尚、简约、带有学院气质的年轻款,避免过于繁杂、华丽的款式。

人到中年如何穿不显"油腻"

中年老师已从新手教师成长为成熟的专业教师，能够在职场游刃有余。虽说工作不断深入，有了一定的身份和地位，但容貌和身材也随着岁月的流逝发生了变化。有些人善于管理自己，仍然充满活力，也有些人挡不住岁月的洗礼，提前进入"中年油腻阶段"。处于这个阶段的老师需要选择既能彰显稳重的职业态度又能抓住青春尾巴的轻熟色彩，比如沉稳的黑色、优雅的卡其色、浅浅的咖色、稳重的宝蓝色、温柔的浅紫色等。谨慎选择芭比粉、荧光绿等甜腻而又轻快的色彩。不宜选择过于前卫、时尚的款式，而要选择稳重又不失年轻感且能修饰身材的款式。

年长老师如何穿不显老气

年长老师经历过职场的风云变幻，看惯了教学中的云卷云舒，适宜选择素雅而稍显年轻的色彩，比如高雅的深紫色、深情的深咖色、喜气又不张扬的暗红色、显贵气的墨绿色、不显年龄感的白色、明快而不艳丽的蓝色等。总之，低调、内敛，让自己看上去既年轻又不过于花哨的色彩和款式更合适。

Ⓝ 男老师不穿无领的衣服

**休闲装
更适合日常**

**稍为正式
又不古板**

圆领T恤、牛仔裤、连帽衫这类青春、休闲而有活力的装扮，更适合日常穿搭，如果参加校内小组会议，也可以穿。若是在超出这个范围的正式场合穿，就显得过于随意了，会给人不重视的感觉。

在正式场合，年长老师可以根据季节选择合适的正装，而年轻老师如果不喜欢过于正式的衣服，不妨选择上图中这类游走在正式与休闲之间的装扮，这样的穿搭既正式又不古板。

着装要避免花哨

略显花哨

沉稳中有活泼

在正式场合，不适合穿色彩对比强烈的田园风格服饰，比如上图中的这件深蓝色花纹半身裙搭配圆领衫，容易给人眼花缭乱之感。

如果不喜素净而喜花色，那么在出席正式场合时可以选择上图中这种融入一点儿花纹和色彩的较正式的款式。

着装要避免艳丽

艳丽

雅致

在正式场合，不适合穿色彩过于艳丽的衣服，因为这种艳丽会与他人的稳重形成鲜明的对比，让自己显得轻浮。

在正式场合，可以用白色搭配低纯度的色彩。这样的搭配显得清爽不厚重，比如上图中的这件白衬衣，与各类裤装和裙装搭配都显得很雅致。

ⓝ 面料硬朗一些更有质感

面料过软显休闲

面料硬朗更正式

在正式场合，不建议选择棉麻面料的衣服。这类衣服非常舒适，适合日常穿，在正式场合穿却不合适，会给人过于随意的感觉。

在正式场合，建议选择面料较为挺括、色彩稍显厚重的衣服。挺括的面料和低调的色彩容易显出质感，特别是一些质地好的面料会衬得人气质非凡。

Ⓝ 款式简洁一些更显干练

线条复杂且甜美

款式简洁更庄重

甜美风更适合日常穿搭，会拉近老师与学生的距离，但过于甜美或是线条过于复杂的衣服就不太适合在正式场合穿，特别是以发言人或主持人身份出席时就更不适宜，会给人不够专业的感觉。

极简风更适合在正式场合穿，能让人显得更加干练。上图中这种连衣裙无论是袖型还是裙长都很适合在各类正式场合穿。若担心身材问题，不妨选择面料硬朗、不过于修身的款式。

2 男老师的胶囊衣橱

2016 年暑假,我到深圳参会,与会代表多为来自全国各地的老师。当时我在上海一所中职学校做完培训后直飞深圳。下了飞机从凉爽的候机厅出来的瞬间,便感受到一阵阵热浪扑面而来,让人透不过气。

到会场后我发现,在这样的酷暑中,有些做报告的男老师仍然穿着西装外套,打着领带;有些男老师则穿着正装长袖衬衣,打着领带;即便是穿短袖衬衣的男老师也会系上一条领带(当然,我不推荐这样的装扮,因为短袖衬衣属于休闲服,打领带还是要穿正式的长袖衬衣为好)。这样的装扮透露出参会者对主办方和在场嘉宾的尊重。

而有些做报告的男老师则随意一些,只穿着短袖衬衣搭配休闲裤和凉鞋就上台发言了。虽然教育类会议不像商务会议、外事交往那般正式,但我还是建议男老师为自己打造一个胶囊衣橱,准备好适合各类正式场合的衣物,比如款式简洁、色彩单一、色调温和的衬衣、西装、领带、鞋袜、包袋等,以备不时之需。

❷ 男老师的衣橱里可以储备这些衣服

万能的白衬衣

白衬衣是男老师的必备单品。这是一件万能的衣服，无论是在轻松的校园里、严谨的学术会场上，还是在友好的家校见面会上、与朋友欢聚的下午茶时光，都派得上用场。在正式场合，搭配白衬衣的最简单方法就是穿一条西装裤，再系一条领带。因为白衬衣很常用，所以我建议老师们选择质量上乘、不透、不露、不易皱、款式简约的白衬衣。这样的衬衣才能穿得更长久。

撑足场面的西服套装

穿正装的目的是塑造稳重的职业形象，给人留下严谨、专业、庄重的良好印象。每位男老师都值得拥有一套质地精良的西装。当您在说课、做报告、接待重要客人、领奖时，这套西装可以支撑足够的场面，不让人失礼。穿西服套装时最好搭配正式的鞋、包，站立时系上扣子（最下面一颗也可不系），坐下时记得解开扣子。

中式风格的小立领衬衣

如果不喜欢打领带，觉得有束缚感，可以选择中式风格的小立领衬衣。小小的立领能给人挺拔、简洁、利落的感觉，再配一副金边、银边或无框眼镜，就可以营造出一种浓浓的书卷气。

深浅不一的蓝色衬衣

除了白衬衣之外，各种深浅不一的蓝色衬衣也非常值得选择，因为蓝色给人冷静、理智之感，很符合男老师的气质。蓝色衬衣最适合搭配黑色、卡其色、米白色裤装，也可以像上图中那样采用深浅不一的两种蓝色做搭配。

极简风羊毛大衣

在秋冬季节出席各种正式场合时，极简风的羊毛大衣比羽绒服更适合。特别是室内较冷需穿外套时，这种大衣既保暖，又不显臃肿。但如果需要上台发言，最好脱掉大衣。除了黑色羊毛大衣外，咖色或驼色的简洁款羊毛大衣也适合购买。内搭可以是衬衣加西服套装，也可以是简洁款开衫加西裤，只要看上去稳重就可以了。

N 西装的选择与试穿要点

(选择要点)

色彩

蓝色、灰色、咖色为最佳,黑色次之。内搭同色系衬衣或白色、蓝色衬衣最不容易出错。

纹理

面料的纹理一般分为条纹、格纹、人字纹三种,条纹、格纹越细越好,人字纹低调又好搭配。

面料

以捏握松开后无褶皱的羊毛面料最便于打理。

版型

依据风格与产地的不同,西装大致可分为欧版、英版、美版、日版等。不论哪种,以合身为原则。

领型

常见有平驳领、戗驳领、青果领三种。平驳领是日常西装最常见的领型,领子上半片和下半片的大小相差不大,中间的夹角看起来非常和谐,显得平和、稳重,也易于搭配,适合通勤、开会、休闲各种场合。

腰线

西装的腰线最能体现剪裁水平。个子不高的男老师可以选择腰线稍高的款式,这样可以让人显得高挑;有啤酒肚的男老师一样可以把收腰上移至肋骨位置,这样可以有效防止腰部过于突兀。

(试穿要点)

衣领和袖子

衣领与袖子是西装穿上后是否显精神的关键部位。试穿时要注意:
1. 衣领是否挺括,领带和驳头搭配是否合理,线条是否一气呵成,是否自然流畅。
2. 后领是否紧贴衬衣后领,有无明显空隙。
3. 双肩是否妥帖,是否看起来过于夸张,是否紧绷。
4. 手臂自然下垂时袖子是否平顺,袖笼和衣身的接缝是吻合还是起皱,抬手时上臂是否紧绷,袖长是否刚好盖住腕骨。

上衣

穿上西装后,自然扣起所有扣子,然后检查:
1. 扣子间的面料是否依然平整,没有凸起。
2. 驳头是否贴胸不起空,身体是否感觉紧绷,后背是否平顺,抬手时是否会拉起许多褶皱。
3. 上衣下边沿一般在臀围线或臀围线以下,个子不高的人可以不用盖住臀部太多。

特别提示:试穿时里面一定要穿正装衬衣,而不是随便套一件T恤、毛衣,否则会影响效果。注意让衬衣领口比西装领口高出约1cm,衬衣袖口比西装袖口长约1cm。衬衣领口和袖口都露出一点儿边来会显得更立体、更精神。

裤子

穿上西裤后半蹲,以下裆处不紧绷、口袋处没有因不合身而撑开、臀部剪裁自然、臀部和大腿处不紧绷为宜。

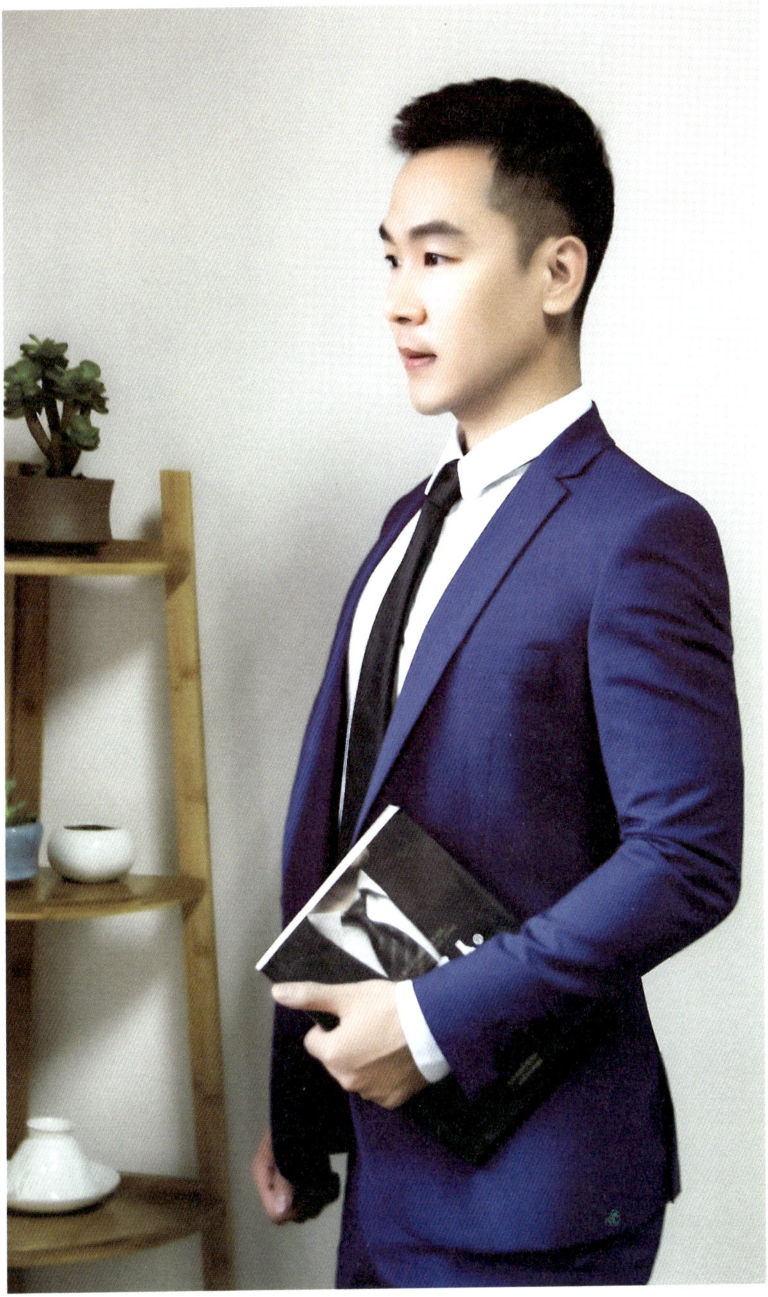

这三类鞋子更适合正式场合

牛津鞋

牛津鞋源于 17 世纪英国牛津大学的男生制服鞋,以厚底、高跟、绑带为三大元素,穿起来非常古雅、绅士。

孟克鞋

孟克鞋通常以横跨脚面的搭扣设计为特点,于优雅之外多了些时尚气息。

乐福鞋

乐福鞋是一种适合春秋穿的便装鞋,与牛津鞋相比,它免去了绑带这个步骤,穿脱更为方便。

　　无论选择哪种正装鞋,色彩都以黑色和棕色为宜,款式则以庄重、大方、无过多装饰为宜。搭配袜子时以长度到小腿的黑色、深蓝色棉袜为最佳,保证坐下来时不露出腿毛。当然,乐福鞋可以搭配浅口的船袜。

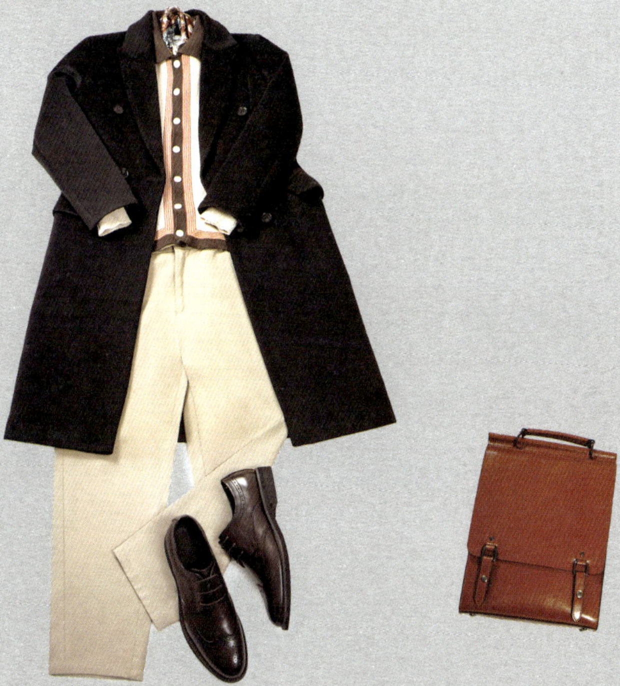

❷ 适合正装的配饰有哪些

男老师的配饰不在多，而在精。衣橱里需要准备正装包袋、保暖围巾、3—5条领带，口袋巾可根据需要配备。

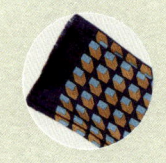

包袋。正装应搭配公文包，以黑色、咖色为宜，款式要简洁，注意金属扣的品质。身材高大、健壮的男老师宜选择竖款，身材矮小、瘦弱的男老师宜选择横款。包袋的大小也应与身形匹配。

围巾。围巾主要用来保暖，色彩以咖色、灰色、黑色、蓝色为宜，可以是纯色的，也可以选择格纹、条纹简约款；面料以羊毛、真丝为最佳。

领带。以带竖条、斜条、圆点、方格的蓝色、灰色或深红色真丝领带为宜，追求时尚者也可选择黑色。领带的宽窄要与脸形、颈部粗细、体形以及衬衣翻领的宽度相应，一般来说成正比，即宽对应宽，窄对应窄。

打领带时别打太松，别离领口太远，否则会给人邋遢的印象；也不要过紧，否则会让人感觉喘不过气。领带的长度以垂到皮带处为最佳，过长会显人矮。领带的系法多种多样，其中温莎结比较易学、耐看，因此这里我简单介绍一下。

温莎结是形状对称、尺寸较大的领带结，因温莎公爵而得名。温莎结有两种系法：一种是全温莎结，造型比较方正、宽大、漂亮，适合宽大领型的衬衣，适用于比较正式的场合；另一种是在此基础上演变而成的半温莎结，造型较为轻巧、浪漫，让人看起来更有风度，适合各种场合。

★ 全温莎结的系法 ★

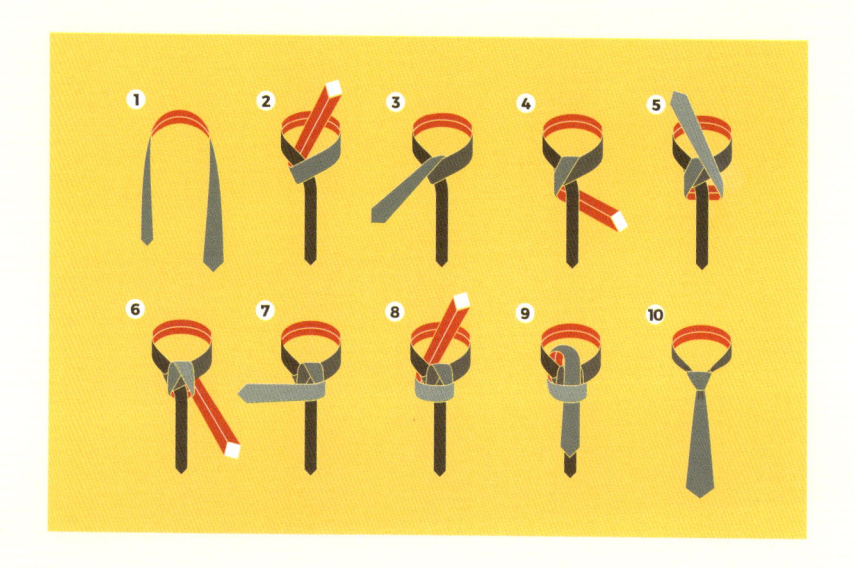

① 把领带挂在颈部，大端在左，小端在右，小端垂下的长度以胃部上下为宜。

② 大端在上，小端在下，呈交叉状。大端从交叉处的内侧向上穿出。

③ 大端环绕小端一圈儿。

④ 大端在小端后从右向左拉紧。

⑤ 大端从交叉处后方拉向前方。

⑥ 大端从交叉处由上往下穿行。

⑦ 大端从左侧绕出并拉紧，从正面向右绕行。

⑧ 大端绕至交叉处从内穿出。

⑨ 大端插入中间的交叠处。

⑩ 捏住下端拉紧即成。

★ 半温莎结的系法 ★

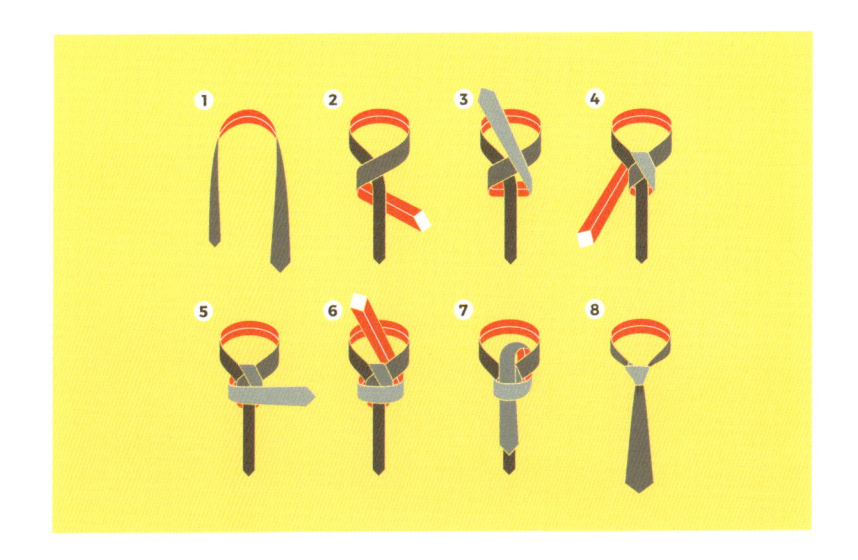

① 把领带挂在颈部,大端在左,小端在右,小端垂下的长度以胃部上下为宜。
② 大端在上,小端在下,呈交叉状。
③ 大端从后绕行小端半圈儿,并从前方向上拉。
④ 大端从交叉处穿到右侧下方并拉紧。
⑤ 大端从右侧绕出并拉紧,从正面向左绕行。
⑥ 大端绕至交叉处从内穿出。
⑦ 大端插入中间的交叠处。
⑧ 捏住下端拉紧即成。

3 打破女装的严肃感

我曾在一个学区管理中心做过教师礼仪培训，该中心的负责人提倡全体老师在所有会议上都穿西装。这让一些年轻老师叫苦不迭。不少女老师跟我说："最讨厌西装了，简直让人老了好几岁，变得都不自信了。""秋冬季节还好说，春夏季节穿一身西装，简直又单调又沉闷！"

许多老师对西装可能持有刻板印象，觉得穿西装太过职业、古板，失去了自己的风格和魅力。其实，西装并不等于沉闷。在正式场合，许多小技巧可以打破西装的严肃，让您既穿出庄重，又穿出灵动。另外，适合出现在正式场合的服装不仅仅有西装，大方得体、款式正式的外套、风衣、开衫、连衣裙、旗袍等都是适宜的。

我选择两件不同颜色、不同款式的小西装做对比。可以看出，黑色西装搭配同色连衣裙显得庄重严肃，衬得人有些老气。搭配蓝色丝巾也过于正式，没能摆脱黑色给人带来的厚重感。而白色收腰西装与宝蓝色连衣裙搭配，就显得轻松、活泼多了，既职业又不老气，甚至还透着些许时尚。

让女装从古板走向优雅

想在正式场合穿得职业，同时又不给人留下古板、老气、严肃的印象，只需在色彩和款式上稍做变化，就能让自己变得轻盈、优雅起来。

不一定只选黑白灰

不必只穿黑白灰这样的稳重色彩，蓝色系、紫色系、绿色系等都是比较好的选择，只要款式得当，柔美的色彩更能增添女性的魅力。上面左图中的香芋紫职业套裙，既稳重大方，又优雅得体。而右图中的蓝色格纹套装，色彩更清新，款式也偏休闲，既可以满足正式着装的需要，又让人更显年轻、时尚。

不一定只穿西装

不喜穿西装者，可选择正式款的风衣、针织套装。老师们可以根据自己的身份选择。主持人、发言人可选择质地、光泽较好的纯色修身简约款式；参会者则可偏向休闲、复古、文艺的款式，可略带花纹和图案，只要不过于喧闹就好。

中式旗袍韵味足

女老师在正式场合除了可以穿现代风格的正式服饰外,还可以穿具有古典韵味的旗袍。旗袍被誉为中式礼服,非常适合在正式场合穿。旗袍种类繁多,可从年龄、色彩、领型、袖型、花色等方面综合考虑。只要用心,每位老师都能选到称心如意的旗袍。

根据年龄选择旗袍的款式和颜色

初入职场的女老师,可选择花色活泼、浅淡、清新的旗袍。款式可新颖、简洁一些,如改良版的不开衩旗袍裙就是不错的选择。中年女老师可选择花色高贵、明媚的旗袍。可以稍华丽一些,也可稍长、修身一些,穿出中年女性的柔美和妩媚。年长的女老师可选择花色朴素、典雅的旗袍。过膝为宜,款式也可宽松一些,穿出女人的成熟、稳重、高贵。无论选择哪一种旗袍,都以合身为宜。若选择开衩的旗袍,则开衩不宜过高,最好在膝盖附近,绝不可到大腿中部以上(有裙衬的改良奥黛式旗袍除外)。教师穿旗袍,营造的是雅致而不是性感。

选旗袍要注意的细节

细节决定成败。我们在选择旗袍时还要从领型、袖型、花色等细节上仔细考量。

<u>领型</u>。一般来说,脸大、脸圆、脖子粗、脖子短的老师,可以选择低领、无领的改良款。切记衣领不可过高、过紧、装饰过多,否则会显得脸更大、脖子更粗。

<u>袖型</u>。旗袍一般有无袖、短袖、中袖、长袖几种,老师可以根据场合和季节,以及手臂粗细来选择。一般来说,手臂粗者不可选择无袖和短袖,以中袖、长袖为宜。但是也不绝对,如果有非常喜欢的无袖和短袖款,只要在外面加一件开衫或外套就好。可参考上图中搭配的民族风白色西装上衣和黑色长款开衫。总体来说,低领素色的中袖、长袖旗袍最实用,这类旗袍能藏住手臂上的肉,适合的场合和年龄段较广,一年中穿着的时间也比较长,可以穿三季。

<u>花色</u>。身材娇小者可选择花纹密集的款式;体态丰满者则要选择素净的款式,避免花纹过大、过多、过密、过艳。

除此之外,最重要的就是试穿。试穿时领口处要有伸进两根手指的余量,肩部、背部、腰部、臀部、袖口都要有一定的余量,以抬手、蹲下时不觉紧绷为宜。

穿旗袍要注意的细节

选好旗袍后，要用心搭配。

妆容。妆容要淡雅，要化略施粉黛的自然妆容，不要化过浓的眉妆、眼妆、唇妆。

发型。发型要自然，可以盘发，编辫子，烫卷发，但不要过于夸张、时尚。有无头饰皆可，佩戴过多头饰反而会掩盖旗袍的含蓄内敛之美。

配饰。可选择珍珠、玉石、胸针等精致小物件，造型以简约、复古为宜。

包袋。宜小不宜大，过大则显笨重，不能衬托出旗袍的轻盈；款式以复古和正式为好，过于现代或休闲不能衬托出旗袍的优雅。

鞋子。以中高跟鞋为宜，鞋跟越细越能凸显女人味；也可选择中低跟的玛丽珍鞋、船鞋等造型复古、文艺的鞋子。

总之，穿旗袍时，所有装扮越素净越能衬托出旗袍的美，越给人高雅、得体之感。

经典小黑裙

1926年，香奈儿品牌创始人可可·香奈儿女士设计了第一款小黑裙。这条简约的裙子去掉了欧洲传统女性服饰中的蕾丝、缎带和蝴蝶结，同时选择了原本葬礼和宗教场合专用的黑色。这种大胆的突破性设计，缓解了原来的烦琐服饰给女性造成的不便，将女性从层层包裹与束缚中解放出来。最经典的小黑裙形象代言人非奥黛丽·赫本莫属，她在电影《蒂凡尼的早餐》中身着修身无袖小黑裙、搭配奢华珍珠项链的模样，真是优雅至极。

小黑裙是非常值得拥有的单品，因为其最大的优点是方便、简约，适用于多种场合。今天的小黑裙样式繁多——无袖、短袖、中袖、长袖，收腰、直筒，短款、长款，可以根据

场合和身材随意选择。简单来说，圆脸者可以选择领口稍大一些的，长脸者可以选择领口稍高一些的；手臂较粗者可以选择中袖、长袖，手臂较细者可以选择短袖、无袖；腰细、臀窄者可以选择贴身一些的裙型，腰粗、臀宽者可以选择宽大一点儿的裙型；腿粗或腿不直者可以选择长款，反之则可以选短款。

一条高品质的小黑裙既能衬托身材和气质，也可陪伴人优雅到老。在正式场合，不可单穿无袖的小黑裙，可根据实际需要搭配西装、风衣、开衫等单品。如参加正式的下午茶或晚宴活动，则可以脱下外套换上披肩、丝巾，既保暖又漂亮。

无袖小黑裙在正式场合需搭配西装、开衫。

修身小黑裙比较考验身材，但也最能体现曲线美，加入彩色的包袋就很吸睛。

伞状小黑裙最实用，对身材的要求不高。让饰品和鞋子呼应起来会更灵动。

ⓝ 让服装更显精致的小物件

色彩的搭配、风格的选择，好比个人形象的硬装工程，而服饰细节的搭配、仪容的精心修饰，则是个人形象的软装工程。

饰品要少而精，一次不能佩戴过多，以不超过三件为宜。要知道，佩戴饰品的目的是衬托服饰、彰显气质，而不是展示饰品。所以，最好不要头上戴着发饰，耳朵上缀着耳环，脖子上挂着项链，胸前还戴着胸花或徽章，这会给人眼花缭乱的感觉。其实，全身上下只有一个亮点就很好，既抓人眼球，又精致得体。

在所有适合女老师的饰品中，我最推荐丝巾和胸针，因为它们能让一件基本款的衣服摆脱平淡。比如，一件简约的开衫在搭配胸针或丝巾后，会变得精致、有仪式感。

巧用丝巾和胸针，让西装不古板

纯色西装最适合搭配有花色的丝巾。如果再佩戴一款与丝巾色彩相似的胸针，就可以起到内外呼应的作用。丝巾可以是大方巾，也可以是长形巾。使用方法是，将大方巾对折成三角形，再叠成长条挂在脖子上整理好，然后打结或用皮筋把下摆固定住；或将长形巾直接叠成长条挂在脖子上，在胸前交叉后拉到后腰处打结或用皮筋固定住。

用饰品点亮服装的精气神

基本款的纯色服装,可以与各类有彩色的配饰、鞋子、包袋搭配。配饰、鞋子、包袋最好色彩相近,做到全身色彩的统一与呼应。搭配的色彩是艳是素、是明是暗,可以根据自己的风格确认。建议直线风格的人选择质感硬朗、光滑度好且设计稍夸张的饰品,曲线风格的人选择色彩丰富的丝巾类单品或珠圆玉润的配饰,居中风格的人选择设计简约且量感较小的饰品。有品质的饰品可以凸显一个人的着装品位,让全身透出精致之美。

巧用丝巾扣

可以将长形巾叠成3—5cm宽的长条挂在脖子上,拿一个日字形丝巾扣,将左侧丝巾对折后从丝巾扣的中间穿过,做成蝴蝶结一边的单结,用同样的方法打好另一边的单结,就形成一个完整的蝴蝶结。这个蝴蝶结可以为素雅的大衣增添几分亮丽。

还可以将方巾对折成三角形,叠成3cm左右的细长条,一只手捏住一头的中下部,另一只手捏起另一头的中下部绕圈,将丝巾绕成麻绳状再挂在脖子上,然后将两头的下端分别穿过一个圆孔丝巾扣并固定住。这样的造型简洁,大气,不平淡。

小胸针，大作用

在衣服上点缀一枚小小的胸针，花费不多，却能大大提升精致度。胸针的造型千变万化，衣服也因此呈现多变的风格。如左上图中的中式胸针能增添古韵，而右上图中的小鱼胸针则能增添活泼。胸针通常戴在左胸，位于衬衣第一粒扣子与第二粒扣子之间。切记不可过低，把他人的目光吸引到胸部就不太雅了。同理，佩戴徽章的位置也不要过低。

胸针的佩戴效果是试出来的

除了常规佩戴位置外，还有许多位置适合，比如，穿高领衣服时可以别在衣领上，穿旗袍时可以别在领口或门襟处，穿大衣时可以别在里面的翻领上，穿裙子时还可以别在腰间。胸针搭配得好不好看，多试一试就知道了。比如，左下图中用粉色真丝衬衣搭配红色镶钻铜质胸针，虽然色彩合适，但重量却不合适，因为真丝衬衣偏软，承受不住铜质胸针的重量。右下图中用蓝灰色毛衣搭配金色中式胸针，色彩是合适的，但胸针偏中式，与休闲毛衣搭配在一起不太协调，如果搭配黑色旗袍，效果会更佳。

胸针的色彩搭配原则

胸针的色彩需要根据衣服调整，一般来说，彩色衣服配素色胸针，如右上图中的宝蓝色衣服比较明亮，不妨选择一款素色花朵形胸针，可以衬得衣服和胸针的色彩更加明亮。反之，暗色衣服要选择色彩明亮的胸针，如右下图中的黑色西装比较沉闷，就搭配一款彩色小鸟形胸针，同时胸针的色彩还与内搭的色彩近似，使整体色彩更为灵动、和谐。

适合正式场合佩戴的饰品还有很多，无论选择哪种，都要坚持和谐原则。尽量保证首饰、鞋、包、腰带属于同一色系。若不是同一色系，则一定要有主次之分，否则就会给人杂乱无章之感。另外，选择饰品时还要考虑与自身肤色的协调。肤色浅的人选择范围较广，而肤色深的人不选择过于浅淡的饰品。记住，无论怎么搭配，全身只有一个亮点就好，既抓人眼球，又简洁大方。

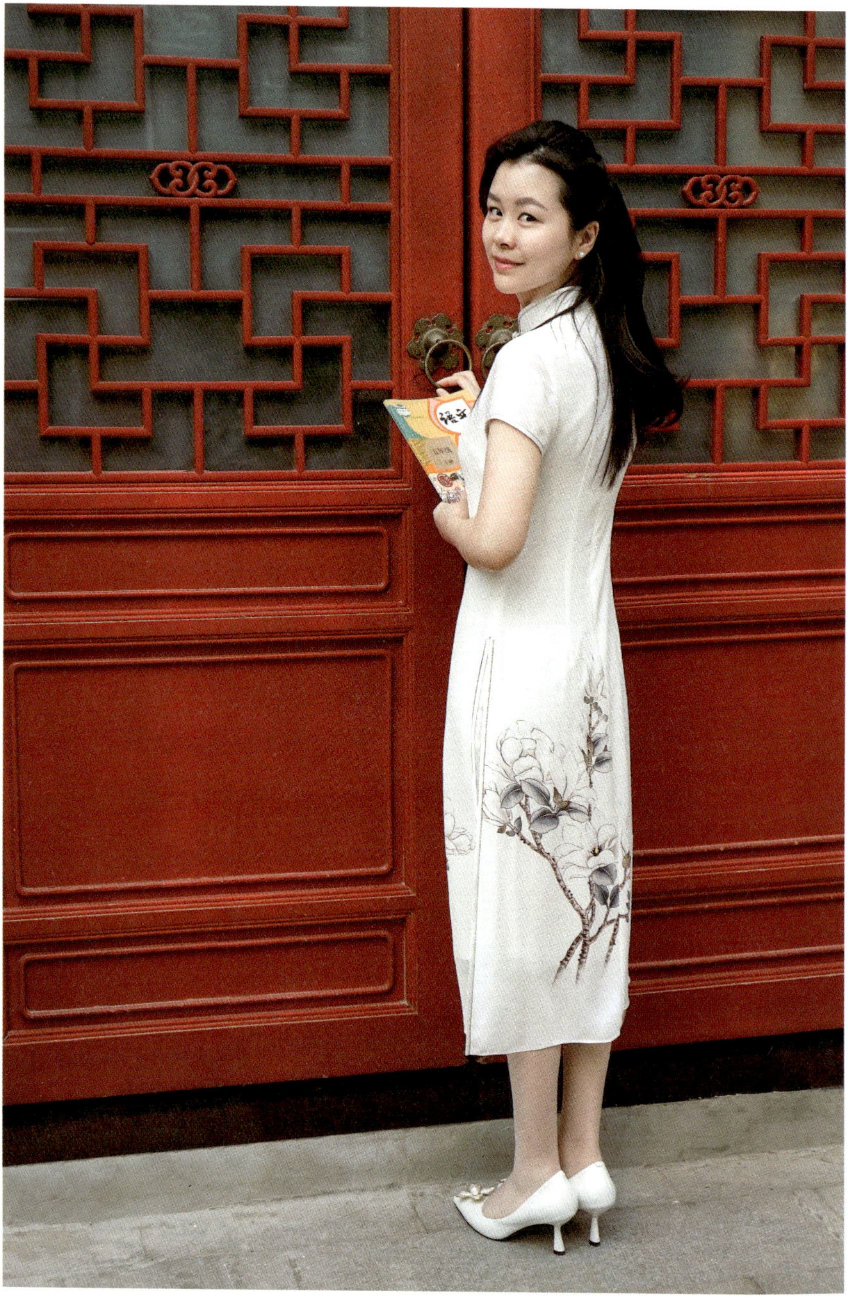

图书在版编目（CIP）数据

教师礼仪：穿衣打扮这件事 / 彭红玲著. --北京：
中国人民大学出版社，2023.2
　　ISBN 978－7－300－31368－9

Ⅰ.①教… Ⅱ.①彭… Ⅲ.①教师—礼仪 Ⅳ.
①G451.6

中国国家版本馆 CIP 数据核字（2023）第 013389 号

教师礼仪：穿衣打扮这件事
彭红玲　著
Jiaoshi liyi: Chuanyi Daban Zhe Jian Shi

出版发行	中国人民大学出版社		
社　　址	北京中关村大街31号	邮政编码	100080
电　　话	010－62511242（总编室）	010－62511770（质管部）	
	010－82501766（邮购部）	010－62514148（门市部）	
	010－62515195（发行公司）	010－62515275（盗版举报）	
网　　址	http://www.crup.com.cn		
经　　销	新华书店		
印　　刷	北京华宇信诺印刷有限公司		
规　　格	145 mm × 210 mm　32开本	版　次	2023年2月第1版
印　　张	4.5	印　次	2023年2月第1次印刷
字　　数	90 000	定　价	68.00元

版权所有　　侵权必究　　印装差错　　负责调换